마음으로 읽는 불전 ②

기쁨의 언어 진리의 언어

민족사

마음으로 읽는 불전 ②

기쁨의 언어 진리의 언어

초기불전

기쁨의 언어(우다나)

진리의 언어(이티붓타카)

민족사

1991

──────────────────────────────── **일러두기**

1. 번역의 저본으로는 PTS(Pali Text Society 팔리성
   전협회)본을 사용하였고 각 경 모두를 온전히 번역
   하였다.

2. 주(註)는 1)로 표기했으며 책 뒤에 일괄 수록했다.

3. 한국어판의 번역은 PTS본과 일본어판(講談社版)을
   참조했으나 영문불교용어의 한글화 등의 문제 때문
   에 주로 일본어판(역시 PTS본의 번역임)을 참조하
   였다.

4. 해설은 사쿠라베 하지메 씨의 해설을 근간으로 하
   여 역자가 부분적으로 가감첨삭하였다.

5. 책명은 《 》로 표기하였다.

■ **차례** ■ 기쁨의 언어 진리의 언어

일러두기
해설 / 9

기쁨의 언어(우다나)

제1장 깨달음(菩提)

깨달음—하나/19 깨달음—둘/20 깨달음—셋/21 니그로다/
22 장로들/23 마하캇사파/24 파탈리/25 상가마지/25 결발외도
/27 바히야/28

제2장 무차린다

무차린다/33 왕/34 막대기/35 존경/36 우바새/37 임산부/
38 외아들/40 숫파바사/41 비사카/45 칼리고다의 아들 밧디야/
46

제3장 난다

업/49 난다/50 야소쟈/54 사리풋타/58 콜리타/58 필린다/
59 캇사파/61 탁발/62 기술/64 세상/66

제4장 메기야

메기야/69 들뜬 마음/74 소치는 사람/75 달밤/77 코끼리/79
핀둘라/81 사리풋타/82 순다리/83 반간타의 아들 우파세나/87
사리풋타/88

제5장 소나 장로

왕/89 단명(短命)/90 문둥병 환자/91 아이들/94 포살(布薩)/
95 소나/101 레바타/106 난다/106 시끄러운 젊은 바라문들/
107 판타카/108

제6장 태어날 때부터의 장님

수명을 버림/109 홀로 앉아 계심/114 있었다/116 진실/117 외
도―하나/122 외도―둘/125 수부티는 말했다/128 유녀/129 휘
말림/130 여래가 나투시다/131

제7장 짧은 이야기

밧티야―하나/133 밧티야―둘/134 애욕에 집착한 사람들―하나/
134 애욕에 집착한 사람들―둘/135 라쿤타카/136 갈애(渴愛)를 멸
함/137 망상을 멸함/138 캇챠나/138 우물/139 우데나/141

제8장 파탈리 마을 사람들

열반―하나/143 열반―둘/144 열반―셋/144 열반―넷/145 춘
다/146 파탈리 마을 사람들/152 갈림길/158 비사카/159 닷바―
하나/161 닷바―둘/162

진리의 언어(이티붓타카)

1부 제1장

탐욕/169 증오/170 어리석음/171 성냄/171 원한/172 거만한

마음/173 모든 것/174 거만한 마음/174 탐욕/175 증오/176

1부 제2장

어리석음/178 성냄/179 원한/180 어리석음/180 탐욕/181 배워야 할 것이 있는 자—하나/182 배워야 할 것이 있는 자—둘/183 분열/183 기쁨에 넘침/184 사람/185

1부 제3장

맑디맑은 마음/187 두 가지 이득/188 공덕/189 베풀라 산/190 일부러 거짓말하는 일/191 보시/192 자비심을 닦음/193

2부 제1장

두 가지를 갖춘 비구—하나/196 두 가지를 갖춘 비구—둘/197 태우는 것과 태우지 않는 것—하나/198 태우는 것과 태우지 않는 것—둘/199 다음 생의 모습—하나/200 다음 생의 모습—둘/200 노력/201 비방하지 않음—하나/202 비방하지 않음—둘/203 기쁨/203

2부 제2장

사유/205 교설/207 깨달음/208 지혜/209 법/210 나지 않은 것/211 경지/212 은둔/213 수행/214 깨어 있음/215 괴로운 경지/216 견해/217

3부 제1장

원인/220 영역/221 느낌—하나/221 느낌—둘/222 구하는 마음—하나/223 구하는 마음—둘/224 마음의 더러움/225 마음의 번뇌/225 탐욕의 마음/226 악마의 영역/227

3부 제2장

복(福)/229 눈/230 깨달음으로 재촉하는 힘/230 시간/231 일—하나/232 일—둘/233 청정함/233 침묵행/234 탐욕—하나/235 탐욕—둘/235

3부 제3장

본 것—하나/237 본 것—둘/238 벗어남/239 물질적인 존재/

240 아이/241 가뭄과도 같은 사람/243 즐거움/245 멸함/246
세계/247 타락에 대하여/248

3부 제4장

사유/250 존경/251 소리/252 죽음/253 세상/254 깨끗지 못함
/256 가르침/258 눈 어둡게 하는 것/258 더러움/259 데바닷타
에 대하여/260

3부 제5장

믿음/262 생활/264 가사/265 불/266 생각/267 출생/267 욕
망/268 착함/269 보시/270 바른 행/271

4부

바라문/275 네 가지/276 아는 사람/277 사문/278 계/279 욕
심/281 범천/281 크게 도움을 주는 사람/282 헐뜯음/283 사람
들/284 걸어다님/285 몸에 지니는 것/286 세계/287

기쁨의 언어(우다나)에 관한 주(註) / 293
진리의 언어(이티붓타카)에 관한 주(註) / 300

─────────────────────────────── 해 설

⟨1⟩

 팔리어로 전해지는 초기불교의 경전들은 크게 다섯 부분(5부 니카야)으로 나누어진다. 그 다섯 번째에 해당하는 것이 《쿳다카 니카야》인데 그 속에는 모두 15편의 경전이 들어 있다. 그 중 세 번째가 《우다나(Udāna)》(〈感興偈〉·〈自說經〉으로 번역)이고, 네 번째가 《이티붓타카(Itivuttaka)》(〈如是語經〉으로 번역)이다.

 《우다나》와 《이티붓타카》는 모두 초기불교의 경전들로서, 석존이 재세시에 그 제자들을 위하여 친히 가르침을 베푼 짧은 산문이나 시구를 모은 경전이다.

 《우다나》는 모두 8장으로 구성되어 있으며 각 장마다 열 개의 경으로 이루어져서 모두 80개의 경이 들어 있다. 또한 《이티붓타카》는 모두 4부 11장으로 구성되어 있으며, 각 장마다 열 개의 경(經)으로 이루어져 있다. 그러나 더러는 예외인 장

도 있는 까닭에 여기에 수록된 경은 모두 112경에 이른다.

　그런데 《우다나》의 서술형식은 한결같이 "이와 같이 나는 들었다. 어느 때 세존은……"이라는 글귀로 시작하여 "…… 때에 세존은 그것을 아시고 그때 이러한 우다나를 노래하셨다"라는 정형구로 완결하는 형태를 띠고 있다.

　《이티붓타카》의 서술형식은 ① "바로 이와 같은 것을 아라한 세존께서 설하셨다고 나는 들었다" ② 산문의 교설 ③ "이렇게 세존께서 말씀하시고 그에 관해 다음과 같이 설하셨다" ④ 운문의 가르침의 요점 ⑤ "또한 이렇게 세존께서 설하셨다고 나는 들었다"라는 형식의 다섯 가지 정형구로 이루어져 있다. 단, 제 81~88, 91~98, 101~111의 27경은 ①③⑤의 정형구가 빠져 있는데 그것은 단지 생략되었을 뿐, 본래는 112경 모두가 위와 같은 형식을 완전히 갖추고 있다.

　이로써 《우다나》와 《이티붓타카》는 특히 석존의 직접적인 가르침의 집록(集錄)으로서 전승되어 왔음을 알 수 있다. 물론 지금 보는 것처럼 각 경이 산문과 운문으로 결합된 형태는 석존 재세시로부터는 상당히 후대의 일일 것이다. 그러나 둘 다 불교 최초기의 교설을 잘 간직하고 있음은 틀림없는 사실이리라.

 '우다나'란 본디 마음에 감흥이 우러난 결과 저절로 흘러나
온 구절(그래서 '感興偈' '自說經' 등으로 해석된다)을 의미한다. 따
라서 대개의 경우는 시구의 형태로 된 간단한 산문이다.

 《우다나》에 들어 있는 각 경의 주제는 말할 필요도 없이 그
말미에 위치한 우다나(시구)에 있으며, 앞에 연결된 산문의 서
술은 어떠어떠한 상황에서 석존이 그러한 우다나를 노래하셨
는가를 설명하는 데에 지나지 않는다. 그 가운데 두세 개의 경
은, 산문의 이야기와 우다나의 내용과의 연결이 그리 딱 들어
맞지 않는 경우(예를 들면 제5장 제5경, 제7장 제10경)도 있다.

 《우다나》의 집록에는 나름대로 기본방침이 정해져 있었던
것으로 보인다. 그 한 예로 제1장의 열 가지 경의 우다나는 모
두 '바라문'이란 이름을 갖고 있다. 제1, 2, 3경은 깨달음을 여
신 직후의 석존을 '바라문'이라는 이름으로 표현하면서 그 깨
달은 경지를 서술하고 있으며, 제4경 이하의 7경은 모두가 불
교의 입장에서 본 참다운 바라문의 자격과 모습을 설하고 있
다. 제2장의 경들은 모두 '즐거움'과 '괴로움'을 어떻게 인식하
고 받아들여야 하는가를 가르치고 있다. 제3장에서는 10경이
모두 참다운 '비구'의 모습을 그리고 있다.

 또한 제4장의 10경은 모두 '마음'에 대한 가르침이다. 제5,6,7
장에서는 교설의 내용이 구구하여 공통되는 주제를 찾기가 어
렵다. 제8장에서는 다시 어느 정도 공통된 주제에 따른 집록의
형식을 갖추었으며, 그 8경까지가 '반열반' 다시 말하면 '괴로
움의 종식'에 대해 이야기하고 있다.

 제1장의 제1,2,3,4경과 제2장의 제1경, 제3장의 제10경은 깨

달음을 여신 직후의 석존에 관한 가르침이며, 제6장의 제1경, 제8장의 제5,6경이 입멸하기 직전의 석존에 관한 가르침이다. 이러한 점도 《우다나》의 구성을 고찰하는 데 있어 시사하는 바가 있다고 생각된다.

《우다나》의 경들을 통해서 우리는 초기 출가불교인의 이상(理想)과 재가생활을 완전히 멀리하고 떠난 아라한의 고요하고 적정(寂靜)한 마음, 일체 만물에 대한 집착을 버린 열반의 경지, 붓다에 대한 깊은 신뢰와 존경, 그리고 붓다의 능숙한 교화방법 등이 충분히 구가되어 있음을 볼 수 있으리라 생각된다.

〈3〉

《이티붓타카》라는 호칭은 각 경에 들어 있는 '～와 같이 설하셨다(이티붓타카)'라는 어구에서 유래한다. '여시어(如是語)'라는 번역도 역시 그런 의미이다.

가르침의 내용에 해당되는 조항의 숫자에 근거하여 '1부' '2부'라는 식으로 나눈 경전은, 《이티붓타카》 외에도 팔리어성전의 몇 군데에서 찾아볼 수 있다. 팔리어 5니카야 가운데 네 번째에 해당하는 《앙굿타라 니카야》는 '1부'에서 '2부'까지 모두 열한 개로 나뉘어 있다. 또한 논서류(論書類) 제4편 《풋갈라 판냐티》라는 논서도 마찬가지로 10부로 이루어져 있다. 그리고

《이티붓타카》〈4부〉의 7경까지가《앙굿타라 니카야》의 〈4부〉 가운데 그대로 실려 있으며, 나아가 다른 한 경은《풋갈라 판 냐티》〈4부〉 속에 유사한 내용을 갖고 있다.

이러한 사실은 현재 4부로 이루어진《이티붓타카》가, 실은 본래는 〈3부〉로 완결되어 있었으며, 그 〈4부〉는 후에 다른 경 전에서 도입, 추가된 것이 아닌가 하는 생각을 들게 한다.《이 티붓타카》의 〈4부〉가 부자연스럽게도 단 하나의 장(章)으로 이 루어져 있고, A.D.7세기에 한문으로 번역된《본사경(本事經)》 이《이티붓타카》의 내용과 거의 비슷하다는 점 등에서도 그러 한 추측을 낳고 있다.

《이티붓타카》의 경들은《우다나》에 비해 한층 간결한 단편 의 문장들이다.《이티붓타카》의 내용 가운데 산문과 운문의 관 계는,《우다나》에서의 그것과는 다르다. 여기서는 운문이 대체 로 산문과 동일한 내용을 반복하여 말하고 있다. 다시 말하면 산문으로 먼저 간결하게 표현하고 있는 교설을 거듭 시구로 아름답게 서술한다거나 또는 먼저 산문으로 명쾌하게 설한 것 을 다시 시구로 간략하게 결론짓는 등의 경우가 많다. 때로는 산문과 운문이 서로 보완하여 하나의 교설을 이루고 있는 경 우도 있고 산문 이상으로 길게 시구가 이어지는 경우도 있다. 반대로, 산문의 일부만이 그에 대응하는 내용을 시구상에서 나 타내는 경우도 있다.

특히《이티붓타카》에는 수많은 절묘한 비유가 눈에 띈다. 대 표되는 몇 가지 명구(名句)를 여기에 옮겨본다. "모든 사람들 에게 아낌없이 베풀어 주는 사람은 마치 '비가 높은 곳이건 낮

은 곳이건 풍부하게 내려 기름지게 해주는 것'과 같다"(제75
경). "악한 벗과 교제하는 일은 '잎사귀로 썩은 생선을 싸는'
일과 같고 착한 벗을 사귀는 일은 '타가라 향을 싸는' 일과 같
다"(제76경). "어떤 한 사람이 1겁 동안 생사윤회를 거듭하면
그동안 쌓인 뼈의 무더기는 '마치 영취산보다도 높고, 베풀라
산처럼 크다"(제24경). "나쁜 습관과 나쁜 견해를 가진 자는 죽
어서 '짐처럼' 지옥으로 실려가고 반대로 좋은 습관과 견해를
가진 자는 '짐처럼' 하늘로 실려가게 된다"(제32경). "탐욕의 마
음을 끊지 않고 미혹한 생을 떠나려고 하지 않는 사람의 생활
은, 마치 '파도가 소용돌이치는 강가에서, 그리고 악어와 악귀
가 사는 호수에서 즐기고 희희낙락하면서 떠내려가는' 것과 같
다"(제109경). "악심을 품어서 붓다를 비방해도 붓다에게는 아
무런 영향을 미칠 수 없으니 그것은 흡사 '독이 든 병으로 바
다를 오염시키려' 해도 그렇게 될 수 없는 것과 같다"(제89경).
"번뇌는 사람에게서 생겨나 사람을 해친다. 그것은 마치 '열매
가 달린 대나무가 저절로 시드는 것'과 같다"(제50경).

이처럼 간결하고 소박한 어투 가운데 깊은 맛을 느낄 수 있
는 내용을 담고 있는 《이티붓타카》에서 우리는 진정 일정한
거처없이 유행하면서 이르는 곳마다 법을 설하시어 사람들을
진리의 세계로 이끄는 석존의 고구정녕(苦口叮嚀)한 마음을 충
분히 헤아릴 수 있는 것이다.

기쁨의 언어(우다나)

세간의 스승이시고 아라한[1]이시며,
바른 깨달음을 여신 분께 경배합니다.

제1장 깨달음(菩提)

1. 깨달음 — 하나

이와 같이 나는 들었다.

깨달음을 여신 지 얼마 안 되었을 때 세존[2]은 우루벨라 마을 네란자라 강가의 보리수 아래에 앉아 계셨다.

그때 세존은 7일 동안 앉은 채 해탈[3]의 즐거움에 젖어 계셨다. 7일이 지나자 세존은 삼매[4]에서 나오시어 밤 동안에 다음과 같은 순서로 연기(緣起)[5]에 마음을 쏟으셨다.

이것이 있을 때 이것이 있다. 이것이 생겨날 때 이것이 생긴다. 다시 말하면 어리석음(無明)에 의해 결합(行)이 있고, 결합에 의해 식별(識)이 있고, 식별에 의해 이름과 색(名色)이 있고, 이름과 색에 의해 여섯 가지 감각기관(六入處)이 있고, 여섯 가지 감각기관에 의해 부딪침(觸)이 있고, 부딪침에 의해 느낌(受)이 있고, 느낌에 의해 갈애(愛)가 있고, 갈애에 의해 취함(取)이 있고, 취함에 의해 존재(有)가 있고, 존재에 의해 태어남(生)이 있고, 태어남에 의해 늙음·죽음·근심·슬픔·괴로움·어지러움·번민이 생긴다. 이러한 괴로움의 덩어리인 인간존재는 그렇게 일어나게 되는 것이다.

때에 세존은 그것을 아시고 이러한 우다나(감흥을 담은 짧은 구절)를 노래하셨다.

지극한 마음으로 삼매에 들어 있는 바라문[6]에게 여러 가지 법[7]이 밝아올 때 그의 모든 의혹은 사라져 버린다. 모든 법에는 그 원인이 있음을 환히 아는 까닭이다.

2. 깨달음 ― 둘

이와 같이 나는 들었다.

깨달음을 여신 지 얼마 안 되었을 때 세존은 우루벨라 마을 네란자라 강가의 보리수 아래에 앉아 계셨다.

그때 세존은 7일 동안 앉은 채 해탈의 즐거움에 젖어 계셨다. 7일이 지나자 세존은 삼매에서 나오시어 한밤중에 다음과 같은 역순으로 연기에 마음을 곧게 쏟으셨다.

이것이 없을 때 이것이 없다. 이것이 멸할 때 이것이 멸한다. 다시 말하면 어리석음이 멸하므로 결합이 멸한다. 결합이 멸하므로 식별이 멸한다. 식별이 멸하므로 이름과 색이 멸한다. 이름과 색이 멸하므로 여섯 가지 감각기관이 멸한다. 여섯 가지 감각기관이 멸하므로 부딪침이 멸한다. 부딪침이 멸하므로 느낌이 멸한다. 느낌이 멸하므로 갈애가 멸한다. 갈애가 멸하므로 취함이 멸한다. 취함이 멸하므로 태어남이 멸한다. 태어남이 멸하므로 늙음·죽음·근심·슬픔·괴로움·어지러움·번민이 멸한다. 이러한 괴로움의 덩어리인 인간존재는 그렇게 멸하게 되는 것이다.

때에 세존은 그것을 아시고 이러한 우다나를 노래하셨다.

지극한 마음으로 삼매에 들어 있는 바라문에게 여러 가지 법이 밝아올 때 그의 모든 의혹은 사라져 버린다. 갖가지 원인을 알기 때문이다.

3. 깨달음 — 셋

이와 같이 나는 들었다.

깨달음을 여신 지 얼마 되지 않았을 때 세존은 우루벨라 마을 네란자라 강가의 보리수 아래에 앉아 계셨다.

그런데 그때 세존은 7일 동안 앉은 채 해탈의 즐거움에 젖어 계셨다. 그 7일이 지나자 세존은 삼매에서 나오시어 새벽이 가까워지는 동안 다음과 같이 차례로(順), 그리고 다음에는 역순으로 연기에 마음을 곧게 쏟으셨다.

이것이 있을 때에 이것이 있다. 이것이 생할 때에 이것이 생한다. 이것이 없을 때에 이것이 없다. 이것이 멸할 때에 이것이 멸한다. 다시 말하면 어리석음에 의해 결합이 있고, 결합에 의해 식별이 있으며, 식별에 의해 이름과 색이 있고, 이름과 색에 의해 여섯 가지 감각기관이 있으며, 여섯 가지 감각기관에 의해 부딪침이 있고, 부딪침에 의해 느낌이 있으며, 느낌에 의해 갈애가 있고, 갈애에 의해 취함이 있으며, 취함에 의해 존재가 있고, 존재에 의해 태어남이 있고, 태어남에 의해 늙음·죽음·근심·슬픔·괴로움·어지러움·번민이 생긴다. 이러한 괴로움의 덩어리인 인간존재는 그렇게 일어나는 것이다. 그러나 어리석음이 남김없이 소멸해 버림으로써 결합이 멸한다. 결합이 멸하므로 식별이 멸한다. 식별이 멸하므로 이름과 색이 멸한다. 이름과 색이 멸하므로 여섯 가지 감각기관이 멸한다. 여섯 가지 감각기관이 멸하므로 부딪침이 멸한다. 부딪침이 멸하므로 느낌이 멸한다. 느낌이 멸하므로 갈애가 멸한다. 갈애가 멸하므로 취함이 멸한다. 취함이 멸하므로 존재가 멸한다. 존재가 멸하므로 태어남이 멸한다. 태어남이 멸하므로 늙음·죽음·근심·슬픔·괴로움·어지러움·번민이 멸한다. 이러한 괴로움의 덩어리인 인간존재는 그렇게 멸하는 것이다.

때에 세존은 그러함을 아시고 이러한 우다나를 노래하셨다.

지극한 마음으로 삼매에 들어 있는 바라문에게 여러 가지 법이 환히 밝아올 때 그는 악마의 대군을 쳐부수고 우뚝 선다. 마치 태양이 창공에서 빛을 내듯이.

4. 니그로다

이와 같이 나는 들었다.

어느 때 깨달음을 여신 지 오래지 않은 세존은 우루벨라 마을의 네란자라 강가 아자팔라 니그로다 나무 아래에 계셨다.

그때 세존은 7일 동안 앉은 채 해탈의 즐거움에 젖어 계셨다. 7일이 지나자 세존은 삼매에서 나오셨다. 그때 어느 거만한 바라문이 세존이 계신 곳으로 가까이 다가와 서로 인사와 안부를 주고받은 뒤 곁에 서서 세존께 여쭈었다.

"벗 고타마여! 대체 어떠한 사람을 바라문이라 합니까? 그리고 또 무엇이 바라문다운 법입니까?"

때에 세존은 그것을 아시고 이러한 우다나를 노래하셨다.

사악함을 거부하고 마음이 교만하지 아니하며 더럽혀 있지 않고 스스로를 제어하고 베다[8]에 정통하며 청정한 행을 닦는 바라문이야말로 바라문이라 불릴 가치가 있다. 어떠한 세계에서도 그에게는 거만한 마음이 존재하지 않는다.

5. 장로들

이와 같이 나는 들었다.

어느 때 세존은 사밧티(사위성) 교외의 제타 숲 아나타핀디카 장자의 동산(祇園)에 계셨다.

그때 사리풋트라 장로, 마하목갈라나 장로, 마하캇사파 장로, 마하캇챠야나 장로, 마하코티타 장로, 마하캇피나 장로, 마하춘다 장로, 아누루다 장로, 레바타 장로, 데바닷타 장로 및 아난다 장로가 세존이 계신 곳으로 모여들었다. 세존은 이들 장로들이 멀리서 오고 있는 모습을 보시자 비구들에게 말씀하셨다.

"비구들이여! 바라문들이 오고 있다. 바라문들이 오고 있다."

이 말을 듣고 어느 바라문계급 출신의 한 비구가 세존께 여쭈었다.

"스승이시여! 대체 어떤 사람을 바라문이라 합니까? 그리고 또 무엇이 바라문다운 법입니까?"

때에 세존은 그것을 아시고 이러한 우다나를 노래하셨다.

　사악함을 거부하고 항상 마음이 바르며 속박을 멸하고 깨달음을 얻는 저들이야말로 이 세상의 바라문이다.

6. 마하캇사파

이와 같이 나는 들었다.

어느 때 세존은 라쟈가하(왕사성) 교외의 대나무숲에 있는 칼란다카 니바파 동산에 계셨다.

그때 마하캇사파(대가섭) 장로는 핍팔리 굴에서 병고에 시달리며 중태에 빠져 있다가 이윽고 회복하였다. 마하캇사파 장로는 병이 나아지자 생각하였다. "라쟈가하로 탁발[9]하러 가야겠다."

그때 5백 명의 천인들은 마하캇사파 장로에게 음식공양을 올리고 싶은 마음이 강하게 일었다. 그러나 마하캇사파 장로는 그들의 청을 거절하고 옷을 입고 발우와 가사를 손에 들고 라쟈가하의 빈민과 베짜는 사람들이 살고 있는 작은 길을 따라 아침 탁발을 하러 들어갔다. 세존은 마하캇사파 장로가 라쟈가하의 빈민과 베짜는 사람들이 살고 있는 작은 길을 따라 탁발하며 다니는 모습을 보시게 되었다.

때에 세존은 그것을 아시고 이러한 우다나를 노래하셨다.

　달리 부양을 받지 않고 올바로 깨달아 마음이 잘 제어되었고, 참

다움에 기대어서 번뇌가 다하고 증오의 마음을 버린 그 사람이야말
로 나는 바라문이라 부르노라.

7. 파탈리

이와 같이 나는 들었다.

어느 때 세존은 파탈리 마을에 있는 아쟈칼라파카 야차[10](夜
叉)가 사는 곳인 아쟈칼라파카 체티야[11]에 계셨다.

그때 세존은 칠흑같이 어두운 밤하늘 아래 앉아 계셨는데
하늘에서는 빗방울이 드문드문 떨어지고 있었다. 아쟈칼라파카
야차는 세존을 놀라게 해서 몸을 뻣뻣하게 하고 몸의 털을 곤
두서게 하려고 가까이 다가가 바로 옆에서 아주 어지럽게 세
번 소리질렀다.

"사문(수행자)이여! 나는 그대를 잡아먹는 악귀란 말이다."

때에 세존은 그것을 아시고 이러한 게송을 노래하셨다.

스스로의 법으로 바라문이 피안에 도달했을 때 그는 이 요란스레
고함지르는 악귀를 이겨낸다.

8. 상가마지

이와 같이 나는 들었다.

어느 때 세존은 사밧티 교외 제타숲의 아나타핀디카 장자
동산에 계셨다.

그때 상가마지 장로가 세존을 뵙고자 사밧티로 왔다.

그러자 상가마지 장로의 아내였던 여인은 예전의 남편이었던 상가마지 장로가 사밧티에 왔다는 소식을 전해 들었다. 그녀는 아이를 데리고 제타숲으로 갔다.

그때 상가마지 장로는 어느 나무 아래에 앉아 식후의 휴식을 취하고 있었다. 그녀는 상가마지 장로가 있는 곳으로 다가가 말을 걸었다.

"제게는 어린애가 있습니다. 사문이시여! 저를 부양하십시오."

이렇게 말했지만 상가마지 장로는 침묵하고 있었다. 다시 한 번 말했다.

"제게는 어린애가 있습니다. 사문이시여! 저를 부양하십시오."

상가마지 장로는 계속 침묵하고 있었다. 그러자 여인은 재삼 말했다.

"제게는 어린애가 있습니다. 사문이시여! 저를 부양하십시오."

그러나 상가마지 장로가 여전히 침묵하고 있자 그의 아내였던 여인은 아이를 상가마지 장로 앞에 세우고 "사문이시여! 이 아이는 당신의 자식입니다. 부양하십시오" 하고는 떠나가 버렸다. 그렇지만 상가마지 장로는 그 아이에게 눈도 돌리지 않고 귀기울이지도 않았다. 여인은 얼마쯤 가다가 뒤돌아서서 상가마지 장로가 아이에게 조금의 관심도 기울이지 않는 것을 보자 이렇게 생각하였다. "이 사문은 자기의 자식에게조차 마음을 **빼**앗기지 않는구나."

그녀는 그곳으로 다시 와서 아이를 데리고 떠나갔다.

세존은 초인적인 깨끗한 천안(天眼)으로 상가마지 장로의 옛 아내가 이와 같이 생각을 고쳐먹은 그 모습을 보셨다.

때에 세존은 그것을 아시고 이러한 우다나를 노래하셨다.

　오는 것을 기뻐하지 않고 가는 것을 슬퍼하지 않아 애착을 떠난 상가마지야말로 나는 바라문이라 부르노라.

9. 결발외도(結髮外道)

이와 같이 나는 들었다.

어느 때 세존은 가야 교외의 가야시사 산에 계셨다.

그때 수많은 결발외도(머리를 상투로 말아올린 고행자)들이 추운 겨울 밤, 중팔일(中八日 ; 1월 말의 나흘 및 2월 초순의 나흘. 1년 중 가장 추운 기간) 눈내릴 때 목욕을 하고자 가야 강에 떠있거나 가라앉고 혹은 떠있기도 하고 가라앉기도 하며 머리까지 물을 뒤집어쓰거나 불의 신에게 공양을 하기도 하였다. 세존은 저 수많은 결발외도들이 추운 겨울 밤, 중팔일의 눈내릴 때 목욕을 하고자 가야 강에서 머리까지 물을 뒤집어쓰거나 불의 신에게 공양을 하기도 하는 모습을 보시었다.

때에 세존은 그것을 아시고 이러한 우다나를 노래하셨다.

　수많은 사람들이 여기에서 목욕하지만 물에 의해서는 깨끗해질 수 없다. 사람에게 법과 진실이 있을 때에야 비로소 그는 깨끗해진다. 그가 바로 바라문이다.

10. 바히야

이와 같이 나는 들었다.

어느 때 세존은 사밧티 교외의 제타숲 아나타핀디카 장자 동산에 계셨다.

그때 숫팔라카 해안에 나무껍질로 만든 옷을 입은 수행자 바히야가 살고 있었다. 그는 사람들에게 존경을 받고 경배받으며 찬양과 공양을 한몸에 받아 옷과 음식, 또는 침구와 좌구, 그리고 약품을 얻고 있었다.

어느 때 나무껍질 옷의 바히야는 다음과 같이 생각하였다. "무릇 세상에는 아라한을 향하는 길에 들어선 사람들이 있는데 나도 그 가운데 한 사람이 될까?"

그때 전생에 바히야의 친척이었던 천인이 있었는데 그는 동정심이 많고 사람들의 이로움을 원하고 있었다. 그는 바히야의 생각을 알고 그곳에 모습을 나타내고 말하였다.

"바히야여! 그대는 아라한도 아니요, 아라한을 향하는 길에 들어선 자도 아니다. 그대의 길은 아라한의 길도, 아라한을 향하는 길에 들어서는 길도 아니다."

"그렇다면 하늘을 포함한 이 세상에서 누가 아라한이며, 누가 아라한을 향하는 길에 들어선 사람입니까?"

"바히야여! 북쪽지방에 사밧티라는 거리가 있는데 지금 그곳에 아라한이며 올바르게 깨달은 분이신 저 세존이 계신다.

바히야여! 그분이야말로 세상의 스승이시며, 아라한이시며 아
라한이 되는 법을 설하신다."

나무껍질 옷의 바히야는 이 천신의 이야기에 마음이 쏠려
곧장 숫팔라카를 나와서 각각의 쉼터에서 1박만을 했을 뿐
(도중의 어느 곳에서도 오래도록 머무르지 않고) 사밧티 교외의 제
타숲 아나타핀디카 장자의 동산에 계시는 세존의 처소로 찾아
왔다.

그런데 그때 수많은 비구가 문 밖을 경행(經行)[12]하고 있었
다. 그러자 나무껍질 옷의 바히야는 그 비구들에게로 다가가
말을 걸었다.

"스승들이시여! 아라한이며, 옳게 깨달은 분이신 세존은 지
금 어디에 계십니까? 저는 아라한이며 참다이 깨달은 분이신
세존을 뵙고자 합니다."

"바히야여! 세존께서는 탁발하러 거리로 들어가셨습니다."

나무껍질 옷의 바히야는 급히 제타숲을 나와 사밧티 거리로
들어가 거리에서 세존을 뵈었다. 그때 세존은 청정하고 아름다
우며, 감관을 잘 가라앉혔으며, 마음이 고요하고 다시없이 스
스로를 제어하였고, 마음의 평온에 도달하셨으며, 자기를 다스
리고 감관을 지키며, 감관을 가라앉힌 코끼리처럼 탁발하며 다
니고 계셨다. 바히야는 세존을 뵙자 그곳으로 나아갔다. 세존
의 발에 이마를 대고 경례한 뒤 세존께 아뢰었다.

"스승이시여, 세존이시여! 저를 위해 법을 설해 주소서. 존
귀하신 이여! 저에게 영원한 이로움과 안락함을 가져다 주는
법을 설해 주소서."

이 말을 들은 세존은 나무껍질 옷의 바히야에게 말씀하셨다.

"바히야여! 우리는 탁발을 하고 있는 중이다. 그러므로 지금은 법을 설할 때가 아니다."

다시 한 번 나무껍질 옷의 바히야는 세존께 아뢰었다.

"스승이시여! 세존의 수명에 언제 어떤 장애가 있을지, 제 수명에 언제 어떤 장애가 있을지 예측하기 어렵습니다. 스승이시여! 제게 이로움과 안락을 가져다 주는 법을 설해 주소서."

다시 한 번 세존은 나무껍질 옷의 바히야에게 말씀하셨다.

"바히야여! 우리는 탁발하고 있는 중이어서 그럴 때가 아니다."

재삼 나무껍질 옷의 바히야가 간청하자 세존께서 말씀하셨다.

"그렇다면 바히야여! 그대는 다음과 같이 수행해야 한다. 보이는 것 속에는 보이는 것만이 있을 뿐이며, 들리는 것 속에는 들리는 것만이 있을 뿐이다. 생각되는 것 속에는 생각되는 것만이 있을 뿐이며, 인지된 것 속에는 인지된 것만이 있을 뿐이다라고. 바히야여! 그대는 이와 같이 수행해야 한다. 그대가 본 것 속에는 본 것만이 있을 뿐이고, 들은 것 속에는 들은 것만이 있을 뿐이고, 생각한 것 속에는 생각한 것만이 있을 뿐이며, 인지한 것 속에는 인지한 것만이 있을 뿐이므로 바히야여! 그대는 그 속에는 있지 않은 것이다. 바히야여! 거기에 그대가 있지 않기 때문에, 그대는 이 세상에서나 저 세상에서나 혹은 그 가운데에서나 있지 않은 것이다. 이것이야말로 괴로움의 끝인 것이다."

바히야는 세존의 이 같은 간단한 가르침에 의해 그 즉시 집착이 사라지고 온갖 번뇌로부터 마음이 자유롭게 되었다. 세존은 나무껍질 옷의 바히야에게 이 간단한 설법을 마치신 후 떠나가셨다.

그런데 세존께서 떠나가시자마자 나무껍질 옷의 바히야는 어린 송아지를 데리고 지나던 어미소와 부딪쳐 생명을 잃고 말았다. 그때 세존은 사밧티 거리에서 탁발을 마치고 공양하신 후 수많은 비구들과 함께 거리를 떠나 오시다 도중에 바히야의 주검을 보셨다. 그리고 비구들에게 말씀하셨다.

"비구들이여! 바히야의 유해를 침상에 올려 가져가서 다비를 하도록 하라. 그를 위해 탑을 세워라. 비구들이여! 그대들처럼 청정한 행을 닦은 자가 목숨을 마치었구나."

"그리 하겠나이다. 스승이시여!"라고 비구들은 세존께 답하고 나서 바히야의 유해를 침상에 올려서 가져가 다비를 하고 그를 위해 탑을 세운 뒤에 세존이 계신 곳으로 와서 경례하고 곁에 앉았다. 비구들은 세존께 아뢰었다.

"스승이시여! 나무껍질 옷의 바히야의 유해를 다비하고 그를 위해 탑을 세웠습니다. 그는 어떤 경지를 향하겠습니까? 그의 내세는 어떻겠습니까?"

"비구들이여! 현명한 사람 바히야는 법에 의거해 실천하였고 법에 대한 논쟁으로 나를 성가시게 한 적이 없었다. 비구들이여! 나무껍질 옷의 바히야는 완전하게 열반[13]에 들었다."

때에 세존은 그것을 아시고 이러한 우다나를 노래하셨다.

물·흙·불·바람으로 이루어진 것을 소유하지 않은 곳에는 별은 빛나지 않고 태양은 비치지 않는다. 달은 그곳에 비치지 않고 어둠은 존재하지 않는다. 스스로 올바르게 깨달았을 때, 성자인 바라문은 성자의 지혜에 의해 형체 있는 것과 형체 없는 것, 즐거움과 괴로움으로부터 자유로워진다.

이 우다나도 세존에 의해 설해졌다고 나는 들었다.

제1장 깨달음에 관한 장
여기에 결말을 짓는 구절이 있다.

깨달음이 세 개, 니그로다, 캇사파 장로들이 두 개, 파탈리, 상가마지, 결발외도, 그리고 바히야, 이들이 열 개.

제2장 무챠린다

1. 무챠린다

이와 같이 나는 들었다.

어느 때 깨달음을 여신 지 오래지 않은 세존은 우루벨라 마을 네란자라 강가의 무챠린다 나무 아래에 계셨다.

그런데 그때, 세존은 7일 동안 앉은 채 해탈의 즐거움에 젖어 계셨다. 그때 때아닌 커다란 비구름이 일어나 7일간 계속 비가 내리더니 차가운 바람이 휘몰아쳤다.

그러자 무챠린다 용왕은 자신의 거처에서 나와 또아리를 틀어 세존의 몸을 일곱 겹으로 감싸고 세존의 머리 위에 커다란 머리를 쳐들고 있었다. 추위와 더위가 세존을 침범하지 못하고, 세존에게 등에나 파리, 바람이나 직사광선, 그리고 뱀이 접근하지 못하도록 하기 위해서이다.

7일이 지나 세존은 삼매에서 일어나셨다. 그러자 무챠린다 용왕은 비구름이 걷히고 하늘이 청명해지는 것을 깨닫고 세존의 몸에서 또아리를 풀고 자신의 모습을 보려고 청년의 모습으로 변하여 합장하고 세존께 경례했다.

때에 세존은 그것을 아시고 이러한 우다나를 노래하셨다.

법을 듣고, 참다이 보며 만족해 있는 자가 고요히 홀로 있는 것은 즐거운 일이다. 세상의 모든 중생을 자제심으로 해치지 않는다는 것은 즐거운 일이다. 세상에 대해 탐욕을 떠나고 욕망을 뛰어넘는다는 것은 즐거운 일이다. 자만심을 털어 버린 이것이야말로 위없는 즐거움이다.

2. 왕

이와 같이 나는 들었다.

어느 때 세존은 사밧티 교외의 제타숲 아나타핀디카 장자의 동산에 계셨다.

그런데 그때, 수많은 비구들이 공양을 마치고 탁발에서 돌아와 집회장소에 모여 앉아 이 같은 잡담을 시작했다.

"벗이여! 마가다국의 세니야빔비사라 왕과 코살라국의 파세나디 왕 중에 어느 쪽이 부유하고 재산이 많겠소? 어느 쪽이 창고가 더 많겠고 어느 쪽이 더 힘세고 위력 있겠소?"

그 비구들의 잡담이 아직 끝나기 전에, 저녁 무렵 홀로 명상하며 앉아 계시던 세존은 명상을 마치고 집회장소로 나아가 준비된 자리에 앉으셨다. 자리에 앉으신 후 세존은 비구들에게 말씀하셨다.

"비구들이여! 지금 무슨 이야기가 있어 모여 앉았는가? 그리고 어떤 이야기를 하고 있었는가?"

"스승이시여! 지금 저희들 간에는 마가다국의 세니야빔비사라 왕과 코살라국의 파세나디 왕 중에 어느 쪽이 부유하고 재산이 많은지, 어느 쪽이 창고가 더 많겠고 어느 쪽이 전차(戰車)가 더 많고 영토가 더 넓으며, 어느 군대가 더 강력할 것인지, 어느 쪽이 더 힘세고 위력 있는지에 관해 이야기하고 있었습니다. 스승이시여! 이 이야기가 채 끝나기 전에 세존께서 오신 것입니다."

"비구들이여! 믿음으로써 집을 버리고 출가인이 된 선남자인 그대들로서 그것은 참으로 법답지 않은 잡담이다. 비구들이여! 그대들이 모였을 때 해야 할 일은 법에 대한 대화가 아니면 가치 있는 침묵, 이 두 가지뿐이다."

때에 세존은 그것을 아시고 이러한 우다나를 노래하셨다.

　이 세상과 천상에서 누리는 애욕의 즐거움도 갈애(타는 듯한 강한 욕망)가 멸진한 즐거움에 비한다면 16분의 1에도 미치지 못한다.

3. 막대기

이와 같이 나는 들었다.

어느 때 세존은 사밧티 교외의 제타숲 아나타핀디카 장자의 동산에 계셨다.

그런데 그때 많은 아이들이 사밧티와 제타숲 사잇길에서 막대기로 뱀을 괴롭히며 장난치고 있었다. 그때 세존은 옷을 입고 발우와 가사를 들고 사밧티 거리로 아침 탁발을 하러 들어가셨다. 도중에 세존은 많은 아이들이 사밧티와 제타숲 사잇길에서 막대기로 뱀을 괴롭히는 모습을 보시게 되었다.

때에 세존은 그것을 아시고 이러한 우다나를 노래하셨다.

행복을 찾는 중생을 막대기로 괴롭히면서 자신의 행복을 원하는 자는 이 세상을 떠난 후 내세에서 행복해질 수 없다.

행복을 찾는 중생을 막대기로 괴롭히지 않으면서 자기의 행복을 원하는 자는 이 세상을 떠난 후 내세에서 행복을 얻는다.

4. 존경

이와 같이 나는 들었다.

어느 때 세존은 사밧티 교외의 제타숲 아나타핀디카 장자의 동산에 계셨다.

그런데 그때 세존은 사람들에게 존경을 받고 공경과 공양을 받으시며 옷과 음식 및 침구와 좌구와 약품의 보시를 받으셨다. 비구승단도 사람들에게 존경을 받고 또한 온갖 보시를 받았다.

그렇지만 외도(外道)인 유행자들은 사람들에게 존경을 받거나 공양 공경을 받지 못하고 온갖 보시를 받지 못하자 세존과 비구승단을 못내 질투하여 시샘하였다. 그래서 숲이나 마을에서 비구들을 보기만 하면 저속한 욕을 퍼붓고 매도하고 화나게 만들고 곤경에 **빠뜨렸다**.

때에 수많은 비구들이 세존 계신 곳으로 와서 예를 올리고 물러나 앉았다. 비구들은 세존께 여쭈었다.

"스승이시여! 세존께서는 현재 존경을 받고 공경과 공양을 받으시며 옷을 비롯한 온갖 보시를 받고 계십니다. 저희 비구 승단도 역시 존경을 받고 온갖 보시를 받고 있습니다. 그러나 외도의 유행자들은 그와 같은 존숭을 받지 못하여 세존과 비구승단을 못내 질투하며 시샘하고 있습니다. 그래서 숲이나 마을에서 비구를 보기만 하면 욕하고 매도하고 화나게 만들거나 곤경에 **빠뜨립니다**."

때에 세존은 그것을 아시고 이러한 우다나를 노래하셨다.

마을이나 숲에서 즐거움이나 괴로움을 느낄 때 그것이 자기에게서 유래한다든가, 타인에게서 유래한다고 생각해서는 안 된다. 즐거움이나 괴로움을 느낀다는 것은 집착에 의한다. 집착하지 않을진대 무엇으로 즐거움과 괴로움을 느끼는 일이 일어나겠는가?

5. 우바새

이와 같이 나는 들었다.

어느 때 세존은 사밧티 교외의 제타숲 아나타핀디카 장자의 동산에 계셨다.

그런데 그때 잇챠난가라 마을의 한 우바새(남자 재가신자)가 볼일이 있어 사밧티에 왔다. 그 우바새는 사밧티에서 볼일을

다 마친 다음에 세존 계신 곳으로 가서 세존께 예를 올리고
물러나 앉았다. 곁에 앉은 우바새에게 세존은 말씀하셨다.

"우바새여! 그대는 아주 오래도록 여기 오지 않았구나."

"스승이시여! 저는 항상 세존을 뵈러 가고 싶어했지만 해야
할 일이 산더미같이 쌓여 있어 세존을 뵈러 올 수가 없었습니
다."

때에 세존은 그것을 아시고 이러한 우다나를 노래하셨다.

　진리를 찾고, 가르침을 잘 받든 사람은 아무것도 지니지 않아도
즐겁다. 사람이 무엇인가를 소유하다 도리어 괴로움을 당하는 일을
흔히 보게 된다. 사람은 사람에게 속박되어 있기가 예사이다.

6. 임산부

이와 같이 나는 들었다.

어느 때 세존은 사밧티 교외의 제타숲 아나타핀디카 장자
동산에 계셨다.

그런데 그때 어떤 바라문 출신 유행자의 젊은 아내가 만삭
이 되어 출산을 눈앞에 두게 되었다. 아내는 남편인 유행자에
게 말했다.

"여보, 나가서 출산에 필요한 호마기름을 구해 오십시오."

그러자 유행자는 아내에게 말했다.

"하지만 어디서 기름을 구할 수 있겠소?"

유행자의 아내는 재삼 졸랐다.

"여보, 나가서 출산에 필요한 호마기름을 구해 오십시오."

한편 코살라국 파세나디 왕의 창고에는 엄청난 양의 버터와 호마기름이 쌓여 있었다. 마침 그때 왕은 창고를 열어 사문과 바라문에게 버터와 기름을 양껏 나누어 주고 있었다. 그러자 그 유행자는 생각했다.

"파세나디 왕의 창고에는 엄청난 양의 버터와 기름이 쌓여 있는데 지금 왕은 사문과 바라문들에게 나누어 주고 있다. 하지만 나누어 준 것을 집으로 가져가지는 못한다. 저 기름을 양껏 마신 후 집으로 돌아가 토해 내서 아내에게 주어야겠다. 기름은 아내의 출산에 매우 쓸모가 있을 터이다."

유행자는 왕의 창고로 가서 호마기름을 양껏 마신 후 집으로 돌아왔지만 토해 낼 수도 배설해 낼 수도 없게 되었다. 그는 고통에 못 이겨 엎치락뒤치락 신음하며 괴로워했다.

때마침 세존은 발우와 가사를 들고 사밧티 거리로 아침 탁발하러 들어가셨다. 세존은 그 유행자가 몸을 뒤척이며 고통에 몸부림치는 모습을 보셨다.

때에 세존은 그것을 아시고 이러한 우다나를· 노래하셨다.

아무것도 지니지 않은 이는 참으로 행복하다. 최고지(最高知)를 갖춘 붓다로서 생각컨대 인간이란 본래 아무것도 지니지 않은 존재가 아닌가? 사람이 무언가를 소유하다 도리어 괴로움을 당하고 있는 모습을 흔히 본다. 사람의 마음은 사람에게 속박되어 있는 것이 예사이다.

7. 외아들

이와 같이 나는 들었다.

어느 때, 세존은 사밧티 교외의 제타숲 아나타핀디카 장자의 동산에 계셨다.

그런데 그때 끔찍이도 애지중지하던 한 우바새의 외아들이 죽었다. 그래서 많은 우바새들은 상복을 입고 머리를 풀어 헤치고 이른 아침 세존 계신 곳으로 모여들었다. 세존께 예를 올리고 그 곁에 앉자 세존께서 그 우바새에게 말씀하셨다.

"우바새들이여! 그대들은 대체 무슨 일로 상복을 입고 머리를 풀어 헤치고서 이른 아침에 이곳으로 왔는가?"

그 우바새는 세존께 아뢰었다.

"스승이시여! 제가 그토록 애지중지하던 외아들이 죽었습니다. 그래서 저희들은 상복을 입고 머리를 풀어 헤치고 이곳으로 온 것입니다."

때에 세존은 그것을 아시고 이러한 우다나를 노래하셨다.

많은 신과 사람들은 사랑하는 이의 애정어린 모습에 이끌리어 고통스럽고 어지러워하다 늙고 병들어 죽음의 신의 노예가 되고 만다. 밤낮으로 정진하여 사랑하는 이의 애정어린 모습을 향한 집착을 버린 자는 이겨내기 어려운 죽음의 신의 유혹을, 괴로움의 뿌리를 송두리째 없앨 수 있다.

8. 숫파바사

이와 같이 나는 들었다.

어느 때, 세존은 쿤디야 마을의 쿤딧타나숲에 계셨다.

그런데 그때 콜리야족(族)의 공주 숫파바사는 태아를 7년간 배고 있다가 이제 진통을 시작한 지 7일째가 되었다. 그녀는 다음과 같은 세 가지를 생각하며 살을 에는 격렬한 고통을 견디고 있었다.

"세존은 바로 이 같은 고통을 버리기 위해 법을 설하신 진정 깨달은 분이시다.

세존의 제자인 승단은 바로 이 같은 괴로움을 버리기 위해 불문(佛門)에 들어서 참다이 불도를 걷고 있다.

열반은, 다름 아닌 이 같은 괴로움이 없는 것이며 위없는 행복이다."

콜리야족 공주 숫파바사는 남편에게 말했다.

"세존 계신 곳에 다녀와 주십시오. 그리하여 세존의 발에 당신의 이마를 대고 예배한 후, 불편함이 없이 예나 다름없이 편안하신지, 즐겁고 편안하고 쾌적하게 지내시는지를 저를 대신해서 여쭈어 주십시오. 그리고 또 이렇게 아뢰어 주십시오. '스승이시여! 콜리야족 공주 숫파바사는 아이를 7년간 배고 있다 이제 진통을 시작한 지 7일째가 되었습니다. 그녀는 다음의 세가지를 생각하며 진통을 견디고 있습니다. 세존은 바로 이 같은 고통을 버리기 위해 법을 설하신 진정 깨달은 분이시다. 세존의 제자인 승단은 바로 이 같은 고통을 버리기 위해 불문에

42

들어서 참다이 불도를 걷고 있다. 열반은 다름 아닌 이 같은 고통이 없는 것이며 위없는 행복이다'라고 말입니다.""그것 좋은 생각이오"라고 공주의 남편은 찬성하고 세존 계신 곳으로 가서 세존께 경례하고 곁에 섰다. 곁에 선 공주의 남편은 공주를 대신하여 세존의 안부를 여쭙고 공주의 생각을 전하였다. "이렇게 생각하며 그녀는 살을 에는 격렬한 고통을 견디고 있습니다."

"콜리야족 공주 숫파바사는 편안하고 건강할지어다. 건강한 아이를 순산할지어다."

세존의 이 말과 동시에 콜리야족 공주 숫파바사는 편안하고 무사하게 건강한 아이를 순산했다.

"스승이시여! 말씀하신 대로 이루어졌습니다"라며 공주의 남편은 세존의 말씀에 진심으로 기뻐하고 고마워하며 자리에서 일어나 세존을 오른쪽으로 돌며 지극한 경례를 올린 후 집으로 돌아갔다. 콜리야 사람인 공주의 남편은 공주가 편안하게 아이를 순산한 모습을 보자 속으로 생각하였다. "세존의 크나큰 위력과 신통력은 참으로 불가사의하다. 참으로 드문 일이다. 공주 숫파바사는 세존의 말씀과 동시에 편안하고 건강하게 아이를 순산하지 않았는가!"하며 매우 기뻐하고 즐거워했다.

그런데 공주 숫파바사는 남편에게 말했다.

"세존께 다녀와 주십시오. 그리고 '스승이시여! 콜리야족의 공주 숫파바사는 세존의 발에 이마를 대고 경배하나이다'라고 아뢰며 당신의 이마를 세존의 발에 대고 경배하십시오. 그리고 또 이렇게 아뢰십시오. '스승이시여! 콜리야족의 공주 숫파바사는 태아를 7년간 배고 있다가 진통을 겪은 지 7일 만에 건강한 아이를 순산하였습니다.   그래서 그녀는 7일간 비구승단을 초대하여 공양드리고자 합니다. 스승 세존이시여! 부디 비구승단과 함께 콜리야족의 공주 숫파바사가 마련한 7일간의 공양을 받아 주소서'라고 말입니다."

"그렇게 하겠소"라고 말하며 공주의 남편은 세존께 나아가 경례하고 곁에 앉아서 공주를 대신하여 세존과 비구승단을 초대하였다.

그런데 마침 그때 어떤 우바새가 붓다[4]를 비롯한 비구승단을 내일의 식사에 초대하기로 약속했었다. 그 우바새는 마하목갈라나(대목련) 장로의 시자였다. 그래서 세존은 마하목갈라나 장로에게 이렇게 말씀하셨다.

"목갈라나여! 그 우바새에게 가서 이렇게 전하라. '벗이여, 콜리야족의 공주 숫파바사는 태아를 7년간 배고 있다가 7일간의 진통 끝에 이제 편안하고 건강하게 아이를 순산하였소. 그래서 그녀는 7일간 비구승단을 초대하였소'라고. 우리는 콜리야족의 공주 숫파바사의 7일간의 식사초대를 먼저 받은 후에 그대의 시자의 초대에 응할 것이다."

"스승이시여! 그리 하겠나이다."

마하목갈라나는 세존의 말씀대로 그 우바새에게 찾아가 그대로 전하였다.

우바새는 말했다.

"스승이시여! 마하목갈라나 성자께서 저를 위해 재산과 수명과 믿음을 보증해 주신다면 공주의 초대가 끝난 후에 제가 초대하겠습니다."

"벗이여! 재산과 수명에 대해서는 내가 보증해 주겠지만 믿음에 대해서만큼은 그대 스스로가 보증할 수 있을 뿐입니다."

"스승이시여! 그렇다면 마하목갈라나 성자께서 저를 위해 재산과 수명을 보증해 주신다면 공주의 초대가 끝난 후에 제가 식사에 초대하겠습니다."

마하목갈라나 장로는 그 우바새의 양해를 구하고 나서 세존께 돌아와 여쭈었다.

"스승이시여! 그 우바새는 저의 이야기를 받아들여 콜리야족 공주 숫파바사의 7일간의 초대가 끝난 후에 초대하기로 하였습니다."

한편 콜리야족 공주 숫파바사는 붓다를 비롯한 비구승단에게 7일 동안 각양각색의 음식을 손수 푸짐하게 올려서 흡족케 했다. 그리고 아이를 세존과 승단의 모든 비구에게 예배토록 하였다. 그때 사리풋타(사리불) 장로가 그 아이에게 말을 건넸다.

"아가! 기분은 어떠하니? 몸은 건강하니? 어딘가 불편한 곳은 없니?"

"사리풋타 존자님! 어찌 기분좋고 건강하게 있을 수 있었겠습니까? 저는 7년이나 피의 가마솥 속에 있었습니다."

콜리야족 공주 숫파바사는 "내 아들이 법의 장수(法將 ; 사리풋타의 존칭)와 이야기를 주고받고 있다"하며 대단히 기뻐하고 흡족해 했다. 그때 세존은 공주 숫파바사에게 말씀하셨다.

"숫파바사여! 그대는 이 같은 어린 아이를 갖고 싶습니까?"

"세존이시여! 저는 이런 아이를 이후에 일곱 정도 더 갖고 싶습니다."

때에 세존은 그것을 아시고 이러한 우다나를 노래하셨다.

불쾌한 것을 유쾌하게, 기쁘지 않은 것을 기쁘게, 괴로운 것을 즐겁게 극복하는 사람은 게으르고 나태한 삶을 이겨낸다.

9. 비사카

이와 같이 나는 들었다.

어느 때 세존은 사밧티의 동쪽 동산에 있는 미갈라의 어머니가 기증한 강당에 계셨다.

그런데 그때 미갈라의 어머니 비사카는 어떤 일에 대해서 코살라 국왕 파세나디와 서로 관련을 갖고 있었는데 파세나디 왕은 비사카가 바라는 대로 따라 주지 않았다. 미갈라의 어머니 비사카는 이른 아침 세존 계신 곳으로 가서 세존께 경례하고 곁에 앉았다. 세존께서 비사카에게 말씀하셨다.

"비사카여! 대체 무슨 일이 있어 이른 아침에 이곳으로 왔는가?"

"스승이시여! 저는 코살라 국왕 파세나디와 어떤 일에 서로 관련이 되어 있는데 왕은 제가 바라는 대로 따라 주지 않습니다."

때에 세존은 그것을 아시고 이러한 우다나를 노래하셨다.

다른 사람에게 이끌리는 것은 모두가 괴로움이다. 주권을 휘두르

는 일은 모두가 즐거움이다. 해야만 할 일이 있을 때 사람은 괴로
워진다. 속박을 이겨내기란 힘들기 때문이다.

10. 칼리고다의 아들 밧디야

이와 같이 나는 들었다.

어느 때 세존은 아누피야 교외 망고숲에 계셨다.

그런데 그때 칼리고다의 아들 밧디야 장로는 숲속에 가서
나 나무 아래에서나 혹은 인기척 없는 곳에 가서나 항상 "즐
겁다, 참으로 즐겁다"라는 우다나를 노래하였다. 수많은 비구
들은 칼리고다의 아들 밧디야 장로가 어디에서나 "즐겁다"라
고 노래하는 것을 들었다. 그들은 생각했다.

"벗이여, 밧디야 장로는 속가에 있었을 때 왕의 신분으로서
즐거움을 누리고 있었기 때문에 분명 지금의 출가생활을 즐겨
하고 있지 않음에 틀림없다. 그는 옛날의 즐거움을 상기해서
어디를 가서나 항상 '즐겁다'라는 우다나를 노래하고 있는 것
이다."

그리하여 수많은 비구들은 세존 계신 곳으로 가서 세존께
절하고 곁에 앉았다. 곁에 앉은 비구들은 세존께 아뢰었다.

"스승이시여! 칼리고다의 아들 밧디야 장로는 숲에 가서나
나무 아래에서나 혹은 인기척 없는 곳엘 가서나 항상 '즐겁다,
참으로 즐겁다'라고 노래하고 있습니다. 밧디야 장로는 분명
속가에서 누린 왕의 즐거움에 젖어 지금의 출가수행을 즐거워
하고 있지 않음에 틀림없습니다. 그래서 '즐겁다, 참으로 즐겁

다'라고 노래하고 있는 것입니다."

그러자 세존께서는 어떤 비구에게 말씀하셨다.

"비구여! 그대는 밧디야 비구에게 가서 '세존이 그대를 부르신다'라고 전하라."

"그리 하겠나이다. 스승이시여!" 하고 대답을 한 비구는 밧디야 장로에게 가서 전하였다.

"벗이여! 알았습니다."

칼리고다의 아들 밧디야 장로는 그 비구의 말에 따라 세존 계신 곳으로 와서 절을 하고 곁에 앉았다. 그러자 세존께서는 밧디야 장로에게 말씀하셨다.

"밧디야여! 그대는 숲에 가서나 나무 아래에 가서나 혹은 인기척 없는 곳에 가서나 항상 '즐겁다, 참으로 즐겁다'라고 우다나를 노래한다는데 그 말이 사실인가?"

"그러합니다. 스승이시여!"

"그렇다면 밧디야여! 그대는 무슨 까닭으로 그러한 우다나를 노래하는 것인가?"

"스승이시여! 제가 옛날 속가에 있으면서 왕의 신분으로서 즐거움을 누리고 있었을 때는 궁전과 도시 안팎의 수비가 아주 튼튼했고 국경의 수비도 아주 튼튼했습니다. 스승이시여! 저는 이렇게 보호를 받고 경비가 저를 밤낮으로 지켜 주고 있었는데도 두려움에 떨고 의문만이 깊어지며 무서움에 떨며 지내고 있었던 것입니다. 하지만 스승이시여! 지금 저는 숲에 가서나 나무 아래에 가서나 인기척이 없는 곳에 가서나 홀로 있어도 공포가 없으며 떨리는 일도 없고 의문도 없고 무서움도 없으며 혼란스러움도 없고 마음이 편안하고 안정되어 사슴과 같은 마음으로 지내고 있습니다. 스승이시여! 저는 이러한 이유로 항상 '즐겁다, 참으로 즐겁다'라는 우다나를 노래하고 있는 것입니다."

때에 세존은 그것을 아시고 이러한 우다나를 노래하셨다.

그 마음에 분노가 없으며, 이러하다, 이러하지 않다는 논쟁을 넘어 두려움 없고 안락하며 근심 없는 사람을 신들의 위력을 가진다 해도 볼 수 없다.

제2장 무챠린다
여기에 결말을 짓는 구절이 있다.

무챠린다, 왕 및 막대기. 존경과 우바새, 임산부와 외아들. 숫파바사, 그리고 비사카, 칼리고다의 아들 밧디야.

제3장 난다

1. 업

이와 같이 나는 들었다.

어느 때 세존은 사밧티 교외의 제타숲 아나타핀디카 장자 동산에 계셨다.

그런데 그때 어떤 비구 하나가 세존에게서 멀지 않은 곳에 다리를 포개고 몸을 아주 꼿꼿하게 펴고 전생의 업(스스로의 의지로 지은 행위)으로부터 생겨난, 바늘과 같은 것으로 찔리는 듯한 아주 고통스러운 아픔을 견디면서도 올바른 생각과 지혜(正念正知)로써 혼란스러움이 없이 앉아 있었다. 세존은 그러한 그 비구를 바라보시게 되었다.

때에 세존은 그것을 아시고 이러한 우다나를 노래하셨다.

　모든 업을 버리고 지난 세상에서 지은 티끌을 떨쳐 버린, 아집이 없고 마음을 곧게 세우고 있는 저와 같은 비구에게는 사람과 이야기 나눌 필요가 없다.

2. 난다

이와 같이 나는 들었다.

어느 때 세존은 사밧티 교외의 제타숲 아나타핀디카 장자의 동산에 계셨다.

그런데 그때 세존의 이종사촌인 난다 장로가 수많은 비구들에게 고백하였다. "벗이여! 나는 청정행(淸淨行 ; 출가수행)을 닦아도 즐겁지 않다. 더 이상 청정행을 견뎌 내지 못하겠다. 이 고행을 그만두고 환속하고 싶다."

그러자 어떤 비구가 세존 계신 곳으로 가서 절을 하고 한편에 앉아 난다 장로의 말을 전해 드렸다.

그러자 세존은 그 비구에게 말씀하셨다.

"비구여! 법우 난다에게 가서 내가 부른다고 전하라."

그 비구는 세존의 말씀에 따라 난다 장로에게 가서 전하였다.

"알겠습니다. 벗이여!"

난다 장로는 그 비구를 따라 세존 계신 곳으로 와서 절을 하고 한쪽 옆에 앉았다. 그러자 세존은 난다 장로에게 말씀하셨다.

"난다여! 그대는 수많은 비구들에게 '청정행을 닦아도 즐겁지 않다. 더 이상 청정행을 견뎌 내지 못하겠다. 이 고행을 그만두고 환속하고 싶다'라고 말했다는데 그 말이 사실인가?"

"사실입니다. 스승이시여!"

"난다여! 그대는 무슨 까닭으로 그렇게 말하였는가?"

"스승이시여! 고향 샤캬(석가)족 미녀가 제가 출가할 때 머리를 빗으면서 저를 돌아보며 '사랑하는 이여! 어서 돌아오세요'라고 말했습니다. 스승이시여! 그러한 생각 때문에 청정행을 닦아도 즐겁지 않고 더 이상 견뎌 내지도 못하겠으니 환속하고 싶다고 말했던 것입니다."

그러자 세존은 난다 장로의 팔을 이끌고 마치 힘센 장사가 팔을 오므렸다 펴는 것과 같은 순간에 제타숲에서 모습을 감추고 삼십삼천[15](三十三天)에 나타나셨다.

그때 카쿠타파다라고 하는 하늘여인이 5백 명 가량 몰려와서 신들의 왕인 인드라[16]를 시중들고 있었다. 그러자 세존은 난다 장로에게 말씀하셨다.

"난다여! 그대는 5백 명의 카쿠타파다 하늘여인들이 보이는가?"

"보입니다. 스승이시여!"

"난다여! 고향 샤캬족의 미녀와 이 5백 명의 카쿠타파다 하늘여인 가운데 어느 쪽이 더 곱고 아름답고 청순하다고 생각하느냐?"

"스승이시여! 고향의 미녀는 마치 손발에 화상을 입고 귀와 코가 잘려 나간 원숭이 같아 이 5백 명의 하늘여인에 비교한다면 도무지 그 16분의 1만큼의 가치도 없어 전혀 비교가 될 수 없습니다. 이 5백 명의 하늘여인은 그야말로 곱고 아름답고 청순합니다."

"기뻐하라, 난다여! 기뻐하라, 난다여! 5백 명의 카쿠타파다 하늘여인을 얻을 수 있도록 내가 보장해 주리라."

"스승이시여! 만일 5백 명의 카쿠타파다 하늘여인을 얻을 수 있도록 세존께서 보장해 주신다면 세존이시여! 저는 즐거이 청정행을 닦겠습니다."

그러자 세존은 난다 장로의 팔을 이끌고 마치 힘센 장사가 팔을 굽혔다 펴는 듯한 순간에 삼십삼천에서 사라져 제타숲에 모습을 나타내셨다.

"세존의 이종사촌인 난다 장로는 분명 하늘여인을 얻으려는 마음에서 청정행을 닦고 있다고 한다. 뿐만 아니라 그 5백 명의 하늘여인을 얻는 것을 세존께서 보장해 주셨다고 한다"라는 소문이 비구들 사이에서 떠돌았다.

그러자 난다 장로의 친구인 비구들은 그를 '품팔이꾼'이라든가 '머슴'이라고 부르며 놀려댔다.

"난다 장로는 순전히 품팔이꾼이다. 그야말로 머슴이다. 하늘여인을 얻으려고 청정행을 닦고 있지 않은가! 세존께서 보장해 주셨다고 한다."

난다 장로는 친구들의 놀림을 부끄러이 여겨 사람들로부터 떨어져 홀로 쉬지 않고 정진하여 자신감을 길러 머지않아 선남자가 출가의 목적으로 삼는 위없는 청정행의 궁극을 스스로 알고 이루었으며 바로 그 상태가 되었다. 다시 말하면, 미혹한 삶을 다하고 청정행을 완성해서 해야만 할 일은 모두 해내었다. 다시 이 같은 상태가 되지 않음을 알고 난다 장로는 아라한의 한 사람이 되었다.

그러자 어느 매우 아름다운 신이 늦은 밤, 제타숲을 환히 비추면서 세존 계신 곳으로 다가와 절을 하고 곁에 앉았다. 곁에 앉은 신은 세존께 아뢰었다.

"스승이시여! 세존의 이종사촌인 난다 장로는 번뇌를 멸해서 무루[17](無漏)가 되었으며 마음과 지혜에 따른 해탈을 스스로 깨닫고 이루었습니다."

세존도 난다 장로가 아라한을 이루었음을 알고 계셨다.

그런데 난다 장로는 그날 밤이 밝아오자 세존 계신 곳으로 가서 세존께 절을 하고 곁에 앉았다.

"세존이시여! 스승께서는 제가 5백 명의 카쿠타파다 하늘여인을 얻을 수 있도록 보장해 주신다고 하셨는데 저는 세존과의 그 약속을 거두고 싶습니다."

"난다여! 나도 그대의 마음을 충분히 알고 있다. 난다는 번뇌를 멸하여 무루(無漏)가 되었으며 마음과 지혜에 따른 해탈을 스스로 깨닫고 이루었다. 신도 내게 알려 주었다. 난다여! 그대는 집착이 없고 마음은 번뇌에서 해탈하였다. 나도 그 약속을 거둘 것이다."

때에 세존은 그것을 아시고 이러한 우다나를 노래하셨다.

진흙구덩이를 뛰어넘고 탐욕의 형벌을 이겨 내고 어리석음을 모두 멸하여 고통과 즐거움에 흔들리는 일이 없는 그 사람이야말로 비구이다.

3. 야소쟈

이와 같이 나는 들었다.

어느 때 세존은 사밧티 교외의 제타숲 아나타핀디카 장자의 동산에 계셨다.

그런데 그때 야소쟈가 이끄는 5백 명의 비구들이 세존을 친견하고자 사밧티에 도착했다.

타지에서 온 이 비구들은 사밧티에 있던 비구들과 서로 인사를 주고받으며 침구와 좌구를 정돈하고 옷과 발우를 꺼내느라 소란을 피우며 큰 소리로 떠들었다.

세존은 아난다 장로에게 말씀하셨다.

"아난다여! 어부가 그물을 찢을 때처럼 이토록 큰 소리를 지르고 소음을 내는 이들은 대체 누구인가?"

"스승이시여! 그들은 세존을 친견하고자 사밧티에 온 야소쟈 비구와 그 일행들입니다. 타지에서 온 비구들은 이곳의 비구들과 인사를 주고받으며 침구와 발우 등을 정돈하느라 소음을 내고 있는 것입니다."

"아난다여! 그렇다면 그 비구들에게 '스승이 장로들을 부르신다'라고 전하라."

"그리 하겠나이다, 스승이시여!"라며 아난다 비구는 세존의 말씀에 따라 그 비구들에게 가서 전하였다.

"스승께서 장로들을 부르고 계십니다."

"벗이여! 알았습니다."

아난다 장로의 전언을 들은 5백 비구들은 세존 계신 곳으로 가서 절을 하고 곁에 앉았다.

"비구들이여! 그대들은 대체 무슨 일로 어부가 그물을 찢을 때처럼 소리를 지르고 소음을 내고 있는 것인가?"

그러자 야소쟈 장로는 세존께 아뢰었다.

"스승이시여! 저희 5백 비구들은 세존을 친견하고자 사밧티에 왔습니다. 그래서 서로 인사를 나누고 침구 등을 정돈하느라 큰 소리로 이야기하고 소음을 냈던 것입니다."

"비구들이여! 돌아가라. 나는 그대들을 반기지 않노라. 내 가까이에 있지 말라."

"스승이시여! 그리 하겠나이다."

비구들은 세존의 말씀을 따라 자리에서 일어나 세존을 오른쪽으로 돌면서 절을 한 후에 침구 등을 거두고 발우와 옷을 들고 밧지를 향해 길을 떠났다. 밧지국을 이리저리 다 여행한 후에 그들은 박구무다 강에 도착했다. 그리하여 박구무다 강가에서 암자를 짓고 우계(雨季)를 지낼 준비를 하였다. 우계가 시작되자 야소쟈 장로는 비구들에게 말했다.

"벗이여! 세존께서는 우리를 위해, 진정 우리의 이익을 원하시어 자비로움으로써 우리를 물리치신 것이다. 벗들이여! 이제 우리는 세존의 뜻에 어긋나지 않도록 생활해야 하지 않겠는가?"

"벗이여! 같은 생각입니다"라고 비구들은 야소쟈 장로의 생각에 찬성했다.

그리하여 비구들은 사람들과의 왕래를 멀리하고, 게으르지 않으며 정진하여 그 우계 동안에 모든 비구들이 세 가지 지혜[18](숙명통·천안통·누진통)를 얻었다.

그런데 세존은 사밧티에서 한동안 머무시다가 베살리로 유행에 오르시어 그곳에 도착하셨다. 그리하여 세존은 베살리 교외의 마하바나에 있는 이층 강당에 머무셨다.

그때 세존은 박구무다 강가의 비구들의 마음을 관찰하고 위로하시고자 아난다 장로에게 말씀하셨다.

"아난다여! 내게는 저 부근에서 빛이 비치는 것처럼 보인다. 찬란히 빛나는 것처럼 보인다. 아마 저 부근은 박구무다 강가의 비구들이 있는 곳일 게다. 그곳으로 가려고 생각하던 일은 예전부터 내게 즐거운 일이었다. 아난다여! 박구무다 강가의 비구들이 있는 곳으로 사람을 보내어 '스승이 장로들을 부르고 있다. 스승은 장로들을 만나고 싶어한다'라고 전하라."

"그리 하겠나이다, 스승이시여!"

아난다 장로는 한 비구를 보내어 그들에게 세존의 말씀을 전하게 하였다.

"벗이여! 그리 하겠습니다."

비구는 힘센 장사가 팔을 굽혔다 펴는 순간에 마하바나의 이층 강당에서 자취를 감추더니 박구무다 강가의 비구들 앞에 모습을 나타냈다. 그리하여 세존의 말씀을 전하자 그 비구들은 각기 침구며 좌구, 발우 등을 가지고 마치 힘센 장사가 팔을 굽혔다 펴는 순간에 박구무다 강가에서 마하바나 이층 강당으로 옮겨 왔다.

그때 세존은 부동삼매[19](不動三昧)에 들고 계셨다. 비구들은

"세존께서 지금 어떤 상태에 계시는 걸까?"하며 생각하다가 부동삼매에 계시는 것을 깨닫고 그들도 모두 부동삼매에 들었다.

아난다 장로는 어스름 저녁이 되자 자리에서 일어나 한쪽 어깨에 가사를 두르고 세존께 합장하고 아뢰었다.

"스승이시여! 저녁이 한참 지났습니다. 타지에서 온 비구들은 오래도록 앉아 있었습니다. 스승이시여! 그들에게 말씀을 내려 주소서."

세존은 아난다가 이렇게 말을 해도 침묵한 채 그대로 앉아 계셨다. 밤이 깊어 한밤중이 되자 아난다는 다시 세존께 합장하고 아뢰었다.

"스승이시여! 밤이 깊었습니다. 타지에서 온 비구들은 오래도록 앉아 있었습니다. 그들에게 말씀을 내려 주소서."

세존은 그대로 침묵하며 앉아 계셨다. 밤이 지나 새벽이 밝아 오자 재삼 아난다는 세존께 아뢰었다.

"스승이시여! 밤이 지나고 새벽이 밝아 옵니다. 타지에서 온 비구들은 오래도록 앉아 있었습니다. 그들에게 말씀을 내려 주십시오."

그러자 세존은 삼매에서 일어나 아난다 장로에게 말씀하셨다.

"아난다여! 만일 그대가 깨달았다면 그렇게도 번거로이 내게 답을 청할 필요는 없었으리라. 아난다여! 나는 이 5백 명의 비구들과 함께 부동삼매에 들어 있었던 것이다."

때에 세존은 그것을 아시고 이러한 우다나를 노래하셨다.

58

탐욕의 형벌을 이겨 내고 비방과 박해, 얽매임을 이겨 낸 사람은
괴롭거나 즐거움에 처해 있어도 산처럼 움직이지 않고 동요되지 않
는다. 그 사람이야말로 비구이다.

4. 사리풋타

이와 같이 나는 들었다.

어느 때 세존은 사밧티 교외의 제타숲에 있는 아나타핀디카
장자 동산에 계셨다.

그런데 그때 사리풋타 장로가 세존으로부터 그다지 멀리 떨
어지지 않은 곳에서 다리를 맺고 자세를 바르게 하고 마음의
중심을 똑바로 앞으로 놓고 앉아 있었다.

세존은 사리풋타 장로가 올바른 자세로써 마음의 중심을 앞
에 놓고 앉아 있는 모습을 보시게 되었다.

때에 세존은 그것을 아시고 이러한 우다나를 노래하셨다.

바위산이 흔들림 없이 의젓하고 안정되게 서 있듯이 어리석음을
멸한 비구는 산과도 같이 흔들림이 없다.

5. 콜리타

이와 같이 나는 들었다.

어느 때 세존은 사밧티 교외의 제타숲에 있는 아나타핀디카
장자의 동산에 계셨다.

그런데 그때 마하목갈라나 장로가 세존에게서 그다지 멀리 떨어져 있지 않은 곳에서 다리를 포개고 올바른 자세로, 마음의 중심을 몸에 향한 채 앉아 있었다.

세존은 마하목갈라나 장로가 그다지 멀지 않은 곳에서 다리를 맺고 올바른 자세로 몸에 대한 바른 생각을 마음에 견실하게 품은 채 앉아 있는 모습을 보시게 되었다.

때에 세존은 그것을 아시고 이러한 우다나를 노래하셨다.

몸에 대한 바른 생각이 서서, 여섯 가지 부딪쳐 들이는 곳(六觸處)[20]을 제어하며 언제나 삼매에 들어 있는 비구는 스스로의 열반을 알 수 있으리라.

6. 필린다

이와 같이 나는 들었다.

어느 때 세존은 라쟈가하 교외의 대나무숲 칼란다카 니바파 동산에 계셨다.

그런데 그때 필린다밧챠 장로는 비구들을 '천민'이라 부르고 있었다. 그래서 수많은 비구들이 세존 계신 곳으로 가서 세존께 절하고 곁에 앉아 여쭈었다.

"스승이시여! 필린다밧챠 장로는 저희 비구들을 '천민'이라 부르고 있습니다."

그러자 세존은 한 비구에게 말씀하셨다.

"비구여! 그대는 필린다밧챠 비구에게 가서 세존이 부르신다고 전하라."

"그리 하겠나이다, 스승이시여!"

그 비구는 세존의 말씀을 따라 필린다밧챠 비구에게 가서 "벗이여! 세존께서 그대를 부르고 계십니다"라고 전했다.

필린다밧챠 비구는 그 전언을 듣고 세존 계신 곳으로 와서 절을 하고 곁에 앉았다. 세존은 그 비구에게 말씀하셨다.

"밧챠여! 그대는 비구들을 '천민'이라 부른다는데 그 말이 사실인가?"

"스승이시여! 사실이옵니다."

그러자 세존은 필린다밧챠의 전생을 더듬어 기억하신 후 비구들에게 말씀하셨다.

"비구들이여! 그대들은 밧챠 비구에게 앙심을 품어서는 안 된다. 비구들이여! 밧챠는 미워하는 마음에서 그대들을 '천민'이라 부른 것이 아니다. 비구들이여! 밧챠 비구는 5백 생을 거듭해 오면서 바라문의 가문에 태어났었다. 그의 '천민'이라는 호칭은 오랜 동안의 습관이다. 그래서 이 밧챠는 비구들을 '천민'이라 불렀던 것이다."

때에 세존은 그것을 아시고 이러한 우다나를 노래하셨다.

거짓 없고 자만심 없으며, 탐하는 마음 없고 아집이 없으며, 성냄을 떠났고 욕심 없으며, 마음이 고요한 사람이야말로 바라문이며, 사문이며, 비구이다.

7. 캇사파

이와 같이 나는 들었다.

어느 때 세존은 라쟈가하 교외의 대나무숲 칼란다카 니바파 동산에 계셨다.

그런데 그때 마하캇사파 장로는 핍팔리 굴 속에서 7일 동안을 결가부좌한 채 삼매에 들어 있었다. 마하캇사파 장로는 7일이 지나자 그 삼매에서 일어나 "라쟈가하로 탁발하러 가야겠다"라고 생각했다.

그때 5백 명 가량의 천인은 마하캇사파 장로에게 공양을 올리고 싶은 마음이 강하게 일어났다. 그러나 마하캇사파 장로는 그들 5백 명의 천인을 거절하고 옷을 입고 발우를 들고 라쟈가하 성으로 들어갔다.

그러자 그때 신들의 왕인 인드라가 마하캇사파 장로에게 공양 올리고 싶은 마음에서 베짜는 사람으로 모습을 바꾸어 베를 짜고 있었다. 그리고 아수라[21]의 딸 수쟈타는 베틀의 북에 실을 대고 있었다.

마하캇사파 장로는 라쟈가하 거리를 차례로 탁발하며 다니다 인드라 신의 거처로 다가왔다. 신들의 왕 인드라는 마하캇사파 장로가 멀리서 다가오는 것을 보고 나가 맞이하며 마하캇사파에게서 발우를 받아 들고 안으로 들어왔다. 그리하여 밥통에서 쌀밥을 퍼 발우에 가득 차게 담아서 마하캇사파 장로에게 건네 주었다. 그 밥에는 갖은 국물과 갖가지 국물로 맛들

여진 건더기가 들어 있었다. 마하캇사파 장로는 생각했다. "이
토록 훌륭한 음식을 줄 수 있는 이 사람은 대체 누구일까? 분
명 신들의 왕 인드라일 것이다."

인드라 신의 공양임을 깨닫자 마하캇사파 장로가 말했다.

"코샤[22]여! 이것은 당신이 한 일이군요. 두 번 다시 이런 일
은 하지 말아 주십시오."

"캇사파 장로여! 공덕[23]을 쌓는 일은 우리에게 매우 뜻있는
일입니다. 공덕을 쌓는 일은 우리로서도 해야만 할 일을 이루
는 것입니다"하고 말하며 신들의 왕 인드라는 마하캇사파 장
로를 오른쪽으로 돌면서 절을 하고 하늘로 날아올라 허공에서
세 번 우다나를 노래하였다.

오오! 위없는 보시가 잘 이루어졌다. 캇사파에 대한 보시는 잘
이루어졌다. 오오! 위없는 보시가 잘 이루어졌다. 캇사파에 대한 보
시는 잘 이루어졌다. 오오! 위없는 보시가 잘 이루어졌다. 캇사파에
대한 보시는 잘 이루어졌다.

세존은 지극하게 맑고 깨끗한 신통력 있는 귀로 신들의 왕
인드라의 우다나를 들으시게 되었다.

때에 세존은 그것을 아시고 이러한 우다나를 노래하셨다.

다른 부양에 의지하지 않고 탁발로써 자신을 유지하여 항상 마음
이 고요하고 게으르지 않은, 그와 같은 비구를 신들은 부러워한다.

8. 탁발

이와 같이 나는 들었다.

어느 때 세존은 사밧티 교외의 제타숲 아나타핀디카 장자의 동산에 계셨다.

그런데 그때 수많은 비구들이 식사를 마치고 탁발에서 돌아와 칼레리 나무 근처 첨탑이 있는 둥근 건물에 모여 다음과 같은 잡담을 시작했다.

"벗이여! 탁발하러 나간 비구가 탁발하고 있다 보면 이따금 보기 좋은 것을 보기도 하고 듣기 좋은 소리를 듣기도 하며 좋은 냄새를 맡기도 하고 맛좋은 것을 맛볼 수도 있고 촉감 좋은 것을 느낄 수도 있다. 벗이여! 탁발하러 나간 비구는 존경과 숭배를 받고 공양 공경받으면서 탁발을 한다. 그러니 벗이여! 우리도 탁발하러 갑시다. 그러면 우리도 이따금 보기좋고 듣기좋고 냄새좋고 맛좋으며 촉감좋은 것을 만날 수 있을 것이다. 우리도 존경받고 숭배받으며, 공양 공경받으면서 탁발하지 않겠는가?"

그리고 그 비구들의 이야기가 채 끝나기 전에, 저녁 무렵 홀로 선정에 계시던 세존께서 선정에서 일어나 그 비구들이 모여 앉은 둥근 건물로 가시어 준비된 자리에 앉으셨다. 자리에 앉은 세존은 비구들에게 말씀하셨다.

"비구들이여! 지금 무슨 이야기를 주고받으며 모여 앉아 있었는가? 대체 어떤 이야기가 오갔는가?"

그러자 비구들은 방금 하던 이야기를 그대로 세존께 말씀드렸다.

"스승이시여! 그러한 이야기를 하던 중에 세존께서 이리로 오시게 된 것입니다."

"비구들이여! 믿음을 가지고 집을 떠나 출가인이 된 선남자로서 그것은 참으로 걸맞지 않은 잡담이다. 비구들이여! 그대들이 모였을 때 해야 할 일은 법에 대한 논의가 아니면 성스러운 침묵, 이 두 가지밖에 없다."

때에 세존은 그것을 아시고 이러한 우다나를 노래하셨다.

달리 부양받지 않고 탁발로써 스스로를 유지하는 그와 같은 비구를 신들은 부러워한다. 만일 그가 오직 말뿐인 칭찬을 듣고서 기분 좋아 하는 자가 아니라면.

9. 기술

이와 같이 나는 들었다.

어느 때 세존은 사밧티 교외의 제타숲 아나타핀디카 장자의 동산에 계셨다.

그런데 그때 수많은 비구들이 식사를 마치고 탁발에서 돌아와 칼레리 나무 근처 첨탑이 있는 둥근 건물에 모여 다음과 같은 잡담을 하고 있었다.

"벗이여! 누가 기술을 잘 알고 있을까? 누가 어떤 기술을 익혔을까? 그리고 어떤 기술이 가장 뛰어난 것일까?"

그러자 어떤 비구가 말했다. "코끼리 길들이는 기술이 최고다."

그러자 다른 비구가 말했다. "아니다. 말을 길들이는 기술이 최고다."

또 다른 비구가 말했다. "아니다. 전차(戰車)를 조종하는 기술이 최고다."

또 다른 비구가 말했다. "그렇지 않다. 활쏘는 기술이 최고다."

또 다른 비구가 말했다. "아니다. 검술이 최고다."

또 다른 비구가 말했다. "아니다. 계산하는 기술이 최고다."

또 다른 비구가 말했다. "그렇지 않다. 셈을 헤아리는 기술이 최고다."

또 다른 비구가 말했다. " 아니다. 숫자에 관한 기술이 최고다."

또 다른 비구가 말했다. "그렇지 않다. 글씨쓰는 기술이 최고다."

또 다른 비구가 말했다. "아니다. 시를 짓는 기술이 최고다."

또 다른 비구가 말했다. "아니다. 웅변술이 최고다."

또 다른 비구가 말했다. "그렇지 않다. 지세(地勢)를 점치는 기술이 최고다."

그 비구들의 이 같은 잡담이 채 끝나기 전 저녁 무렵에 홀로 선정에 계시던 세존께서 선정에서 일어나 비구들이 모여 있는 둥근 건물로 오셨다. 그리하여 마련된 자리에 앉으신 세존은 비구들에게 말씀하셨다.

"비구들이여! 지금 무슨 이야기를 주고받으며 모여 있었는가? 대체 어떤 이야기가 오갔는가?"

그러자 비구들은 어느 기술이 가장 뛰어난가에 관해 주고

받던 대화를 솔직하게 말씀드리며 말했다.

"저희들이 이러한 이야기를 한참 주고받을 때 세존께서 이 곳으로 오신 것입니다."

"비구들이여! 믿음으로써 집을 떠나 출가인이 된 그대들 선 남자로서 그것은 걸맞지 않은 잡담이다. 비구들이여! 그대들이 모여서 해야 할 일은 법에 대한 논의가 아니면 성스러운 침묵, 이 두 가지밖에 없다."

때에 세존은 그것을 아시고 이러한 우다나를 노래하셨다.

기술로써 생계를 잇지 않고 이익을 지나치게 추구하지 않으며, 갖가지 감각기관을 잘 다스려 일체 사물에 대해 전혀 집착함이 없 이 집을 떠나 유행하며, 아집 없고 욕망이 없으며 자만심을 깨뜨리 고 홀로 가는 그 사람이야말로 비구인 것이다.

10. 세상

이와 같이 나는 들었다.

어느 때 깨달음을 여신 지 오래지 않은 세존은 우루벨라 마 을 네란자라 강가의 보리수 아래에 계셨다.

그런데 그때 세존은 7일 동안 앉은 채로 해탈의 즐거움에 젖어 계셨다. 그 7일이 지나자 세존은 삼매에서 일어나 부처님 눈(佛眼)으로 세상을 지그시 바라보셨다. 세상을 지그시 바라 보시던 세존은, 욕심과 성냄과 어리석음으로 인해 사람들이 온 갖 고통에 신음하고 갖가지 번민으로 몸을 태우고 있는 모습을 보셨다.

때에 세존은 그것을 아시고 이러한 우다나를 노래하셨다.

이 세상은 감각기관에 의한 외부와의 접촉으로 다치고 고뇌에 빠지고 스스로 병이 생겼다고 이야기한다. 이렇게 되었으면 하고 바라지만 결과는 그렇게 되지 않기 때문이다. 이렇게 세상은 달라지는 것을 그 본성으로 하는데 어리석은 삶에 빠지고 생활에 찌들리면서도 삶을 기쁨이라고까지 말한다.

기쁠 때 그것은 두려움이며, 그것에 두려움을 품을 때 괴로움이 된다.

생활을 떠나고 버림으로써 저 청정행을 닦을 수 있다.

무릇 사문이건 바라문이건 생의 자유를 생이라고 말한다면 그들 모두는 아직 생으로부터 해방되지 않았다고 나는 말한다.

또한 사문이건 바라문이건 삶으로부터의 벗어남을 생이라 말한다면 그들 모두는 아직 생으로부터 벗어나지 않았다고 나는 말한다.

이러한 괴로움은 모두 집착에서 생긴다. 모든 집착을 버림으로써 괴로움은 더 이상 일어나지 않게 된다.

이러한 세상의 이 같은 온갖 모습을 바라보아야 한다. 어리석음으로 인해 생을 받은 자는 즐거움과 괴로움으로부터 자유로워질 수 없다.

무릇 어리석은 삶은 어디에서건 어떠한 것이건 모두 덧없고 괴로우며 달라지는 것을 그 본성으로 한다.

이와 같이, 이러한 것을 있는 그대로 바른 지혜로써 바라보는 이는 삶에의 갈망을 떠나, 갈망이 없는 것을 기쁘게 여긴다.

갈애가 완전히 사라짐에 따른 탐욕의 남김없는 멸진이 열반이다. 그 열반에 도달한 비구에게는 집착이 없어지므로 어리석은 삶은 다시없다.

악마를 정복하고 자기와의 싸움에서 이긴, 그와 같은 사람은 모든 어리석은 삶을 뛰어넘은 자이다.

제3장 난다

그 결말을 짓는 구절

업, 난다 및 야소쟈·사리풋타와 콜리타·필린다·캇사파, 탁발·기술에 세상을 더하여 모두 열 가지.

제4장 메기야

1. 메기야

이와 같이 나는 들었다.

어느 때 세존은 챨리카에 있는 챨리카 산에 머무셨다.

그런데 그때 메기야 장로는 세존의 시자(侍者)였다. 때에 메기야 장로는 세존 계신 곳으로 가서 절을 하고 곁에 섰다. 곁에 선 메기야 장로는 세존께 아뢰었다.

"스승이시여! 쟌투 마을로 탁발을 다녀오고 싶습니다."

"메기야여! 지금이 그리 해야 할 때라고 생각한다면 좋도록 하라."

그리하여 메기야 장로는 옷을 입고 가사와 발우를 들고 쟌투 마을로 아침 탁발을 하러 갔다. 마을에서 탁발을 다닌 후에 식사를 마치고 돌아올 때 키미칼라 강가로 갔다. 키미칼라 강가로 간 메기야 장로는 이리저리 산책을 하던 중 아름답고 훌륭한 망고숲을 발견하였다.

"참으로 아름답고 훌륭한 숲이로다. 수행에 전력해야 할 선남자가 정진하기에 아주 좋은 곳이다. 만일 세존께서 내게 허락을 내리신다면 이 망고숲으로 와서 수행해야겠다."

이렇게 생각한 메기야 장로는 세존 계신 곳으로 가서 절을 하고 곁에 앉았다. 세존의 곁에 앉은 메기야 장로는 이렇게 아뢰었다.

"스승이시여! 저는 쟌투 마을로 탁발을 하러 나가 탁발을 마친 후 키미칼라 강가로 갔습니다. 그곳을 산책하던 중 아름답고 훌륭한 망고숲을 발견하였기에 이렇게 생각했습니다. '이 숲은 수행에 전력해야 할 선남자가 정진하기에 아주 좋은 곳이다. 만일 세존께서 허락하신다면 이곳에서 수행을 해야겠다.' 스승이시여! 만일 세존께서 허락해 주신다면 저는 그 망고숲으로 가서 정진하고 싶습니다."

세존은 그 말을 듣자 메기야 장로에게 말씀하셨다.

"메기야여! 나는 지금 혼자이니 누군가 다른 비구가 올 때까지 기다려 주지 않겠는가?"

메기야 장로는 세존께 아뢰었다.

"스승이시여! 세존께는 더 이상 해야 할 일이라든가, 첨가해야 할 것은 아무것도 없습니다. 하지만 스승이시여! 제게는 지금부터 해야 할 일과 첨가해야 할 것이 있습니다. 만일 세존께서 허락해 주신다면 저는 그 망고숲으로 가서 정진하고 싶습니다."

세존은 다시 한 번 메기야 장로에게 말씀하셨다.

"메기야여! 나는 지금 혼자이니 다른 비구가 올 때까지 당

분간 기다려 주지 않겠는가?"

그러나 메기야 장로는 뜻을 굽히지 않았다.

"스승이시여! 세존께는 더 이상 해야 할 일이라든가 첨가해야 할 것이 없습니다. 그러나 스승이시여! 제게는 지금부터 해야 할 일과 첨가해야 할 것이 있습니다. 허락해 주신다면 망고숲으로 가서 정진하고 싶습니다."

"메기야! 정진하고 싶다는 그대에게 무슨 말을 할 수 있겠는가? 그대가 지금이 적절한 때라고 생각한다면 그대의 뜻대로 하라."

그러자 메기야 장로는 자리에서 일어나 세존을 오른쪽으로 돌면서 경배한 후 망고숲으로 갔다. 망고숲을 헤치고 들어가 한 그루 나무 아래에 앉아 오후의 휴식을 취했다.

그런데 그때 메기야 장로에게 욕정과 성냄 그리고 남을 해치려는 생각 따위의 세 가지 삿된 상념들이 끊임없이 일어났다. 메기야 장로는 생각했다.

"참으로 이상하다. 참으로 신기하다. 믿음을 가지고 집을 떠나 출가인이 된 내가 욕정과 성냄 그리고 남을 해치려는 생각 따위를 일으키다니."

그러자 메기야 장로는 저녁 무렵에 홀로 선정에 잠겨 있다가 일어나 세존 계신 곳으로 가서 절하고 곁에 앉았다.

메기야 장로는 세존께 말씀드렸다.

"스승이시여! 제가 저 망고숲에 가서 앉아 있을 때 욕정과 성냄 그리고 남을 해치려는 세 가지 삿된 상념이 끊이지 않고 일어났습니다. 참으로 이상하게 생각되어 세존께 온 것입니다."

"메기야여! 마음의 해탈이 성숙하지 못했을 때 성숙케 하는 다섯 가지 법이 있다. 다섯 가지란 무엇인가 하면, 첫째는 메기야여! 비구에게는 좋은 친구, 좋은 도반(道伴)이 있다. 메기야여! 마음의 해탈이 성숙하지 못했을 때 성숙케 하는 첫번째 법이 이것이다. 둘째로는 메기야여! 비구는 계[24](戒)를 지키고 바라제목차[25](波羅提木叉)를 엄격하게 따르며, 올바른 실천과 행동을 원만히 갖추고, 하찮은 과실도 두려워하며 계율의 조항을 잊지 않고 수행하여야 한다. 메기야여! 마음의 해탈이 성숙하지 못했을 때 성숙케 하는 두 번째 법이 이것이다. 셋째로는 메기야여! 마음을 열기에 적당하고 진지한 염리(厭離 ; 싫어하여 떠남), 이욕(離欲), 멸함, 적정, 올바른 지혜, 올바른 깨달음, 열반 등으로 이끄는 이야기, 다시 말하면 적게 바라는 것(少欲)에 대한 이야기, 만족할 줄 아는 것(知足)에 대한 이야기, 많은 사람들과 어울리지 않는다는 이야기, 부지런히 노력한다는 이야기, 계율에 관한 이야기, 삼매에 관한 이야기, 지혜에 관한 이야기, 해탈에 관한 이야기, 해탈했음을 알고 본다는 이야기 등등 이와 같은 이야기에 비구는 만족하여 무난히 이해해야 한다. 메기야여! 마음의 해탈이 성숙하지 못했을 때 성숙케 하는 세 번째 법이 이것이다. 네 번째로는 메기야여! 비구는 열심히 정진하며 생활하되 바르지 못한 법을 버리고 바른 법을 지님에 있어 엄격하고 꿋꿋하며, 바른 법에 대하여 책임을 등한히 하지 않는다. 메기야여! 마음의 해탈이 성숙하지 못했을 때 성숙케 하는 네 번째 법이 이것이다. 다섯 번째로는 메기야여! 비구는 지혜로운 이로서, 중생이 태어나고 죽는 이치를 환히 아는 지혜를 갖추고 괴로움의 멸함으로 이끄는 성스러운 통찰력을 지녀야 한다. 메기야여! 마음의 해탈이 성숙하지 못했을 때 성숙케 하는 다섯 번째 법이 이것이다. 메기야여! 이상이 마음의 해탈이 아직 성숙하지 못했을 때 성숙케 하는 다섯 가지 법이다.

메기야여! 좋은 친구, 좋은 도반을 갖춘 비구는 다음과 같은 것이 필요하다. 계를 지니고 바라제목차에 따라 생활하며 바른 실천과 행동을 원만히 갖추며, 하찮은 과실도 두려워하고 계율의 조항을 잊지 않고 수행하는 일이다.

메기야여! 좋은 친구, 좋은 도반을 갖춘 비구는 다음과 같은 것이 필요하다. 계를 지니고 바라제목차에 따라 생활하며 마음을 열기에 적당하고 진지한 염리, 이욕, 멸함, 적정, 올바른 지혜, 올바른 깨달음, 열반 등으로 이끄는 이야기, 다시 말하면 적게 바라는 것에 대한 이야기, 만족할 줄 아는 것에 대한 이야기, 멀리 떠남에 관한 이야기, 많은 사람들과 어울리지 않는다는 이야기, 부지런히 노력한다는 이야기, 계율에 관한 이야기, 지혜에 관한 이야기, 해탈에 관한 이야기, 해탈했음을 알고 본다는 이야기 등등 이와 같은 이야기에 만족하며 무난히 이해하는 일이다

메기야여! 좋은 친구, 좋은 도반을 갖춘 비구는 다음과 같은 것이 필요하다. 열심히 정진하며 생활하되, 바르지 못한 법을 버리고 바른 법을 지님에 있어 엄격하고 꿋꿋하며 바른 법에 대하여 책임을 등한히 하지 않는 일이다.

메기야여! 좋은 친구, 좋은 도반을 갖춘 비구는 다음과 같은 것이 필요하다. 지혜를 갖추고 괴로움의 멸함으로 이끄는 성스러운 통찰력을 지녀야 하는 일이다.

메기야여! 이 다섯 가지 법에 확실히 발을 디디고 선 비구는 나아가 네 가지 법을 닦아야 한다. 탐욕을 떠나기 위해 부정관[26](不淨觀)을 닦아야 한다. 증오를 떠나기 위해 자비관[27](慈悲觀)을 닦아야 한다. 산만한 잡념들을 떨치기 위해 수식관[28](數息觀)을 닦아야 한다. '나'라고 하는 자만심을 끊기 위해 무상관[29](無常觀)을 닦아야 한다.

메기야여! 덧없음을 아는 자는 '나'가 없음을 알고, '나'가 없음을 아는 자는 이번 생에서 아만(我慢)을 완전히 떠나 마침내 열반에 도달하게 된다."

때에 세존은 그것을 아시고 이러한 우다나를 노래하셨다.

산만한 잡념은 가치 없는 것. 산만한 잡념은 안심하고 받아들일 수 없는 하찮은 것. 하지만 그것은 마음을 거만하게 만들고, 마음은 그것에 이끌려 다닌다. 이러한 마음의 산만한 잡념에 묶여 어리석은 이는 들뜬 마음으로 이 세상, 저 세상을 헤매고 다닌다. 그러나 이러한 마음의 산만한 잡념에 대해 환히 아는 자는 올바른 생각으로 열심히 자기를 다스린다. 붓다는 마음을 거만하게 만들어 마음을 끌고 다니는 산만한 잡념을 남김없이 버린 사람이다.

2. 들뜬 마음

이와 같이 나는 들었다.

어느 때 세존은 쿠시나라의 말라족이 지닌 사라 나무 동산인 우파바타나에 계셨다.

그런데 그때 수많은 비구들이 세존 계신 곳에서 그다지 멀리 떨어지지 않은 숲속의 오두막에서 들뜨고 공손하지 못한 마음으로 수다를 떨면서 쓸데없는 이야기만을 늘어놓고 있었다. 그들은 사물에 대한 주의력을 잃고 지혜도 없었으며 마음이 고요하게 머무르지도 못하고 산란한 마음으로 감각기관을 다스리지도 못한 채 지내고 있었다.

세존은 수많은 비구들이 숲속의 오두막에서 절제를 잃어 들뜬 마음으로 쓸데없는 이야기만을 늘어놓으며 감각기관을 다스리지도 못한 채 지내고 있는 모습을 보시게 되었다.

때에 세존은 그것을 아시고 그때 이러한 우다나를 노래하셨다.

외부의 자극으로부터 몸을 보호하지 못하고 삿된 생각을 지녀 마음이 침체되거나 무감각해짐으로써 사람은 악마의 힘에 굴복한다. 하지만 마음을 보호하고 바른 생각에 따라 생활하며 바른 생각을 존중하고 중생이 태어나고 죽는 이치를 알며 무감각한 마음과 의기소침한 마음을 정복한 비구는 모든 악취[30](惡趣)를 떠나게 되리라.

3. 소치는 사람

이와 같이 나는 들었다.

어느 때 세존은 수많은 비구들과 함께 코살라국을 유행하며 계셨다.

때에 세존은 길가 저편에 있는 나무 아래로 가시어 준비해 둔 자리에 앉으셨다. 그러자 어떤 소치는 사람이 세존 계신 곳으로 다가와 세존께 절을 하고 곁에 앉았다. 그러자 세존은 그에게 법을 설하시고 가르치고 격려하시어 그를 즐겁고 힘이 솟게 해주셨다. 세존의 가르침으로 새 힘을 얻은 소치는 사람은 세존께 아뢰었다.

"스승이시여! 세존께서는 비구승단과 함께 내일 저의 공양을 받아 주십시오."

침묵으로써 세존께서 허락하시자 소치는 사람은 세존께서 허락하심을 알고 오른쪽으로 돌아 경배하고 돌아갔다. 다음날 소치는 사람은 자기 집에서 진한 죽과 신선한 버터를 푸짐하게 준비한 뒤에 세존께 달려갔다. "스승이시여! 공양을 올리겠습니다."

세존은 오전중에 옷을 입고 가사와 발우를 들고 비구승단과 함께 그 소치는 사람의 집으로 가서 준비된 자리에 앉으셨다. 소치는 사람은 붓다를 비롯한 비구승단에 진한 죽과 신선한 버터를 손수 올려 흡족하게 했다. 소치는 사람은 세존께서 공양을 마치시고 발우에서 손을 떼시자 아래에 자리를 마련하고 앉았다. 곁에 앉은 소치는 사람에게 세존은 법을 설하시고 가르치고 격려하시어 그를 즐겁고 힘이 솟게 해주신 후 자리에서 일어나 떠나가셨다.

세존께서 떠나가신 후 오래지 않아 어떤 남자가 국경에서 이 소치는 사람의 목숨을 빼앗았다. 많은 비구들이 세존 계신 곳으로 가서 절을 하고 곁에 앉은 뒤 세존께 여쭈었다.

"스승이시여! 붓다를 비롯한 비구승단은 오늘 소치는 사람
이 진한 죽과 신선한 버터를 손수 공양하여 만족하였습니다.
스승이시여! 그 소치는 사람이 국경에서 어떤 남자에게 목숨
을 잃었다고 합니다."

때에 세존은 그것을 아시고 이러한 우다나를 노래하셨다.

원수와 원수끼리는 이러니저러니 온갖 구실로 서로에게 해를 끼
친다. 또한 원한을 품은 자는 원한을 품은 자에 대하여 여러 가지
로 해를 입힌다. 비뚤어진 마음은 그보다 더한 악한 일도 하게 되
리라.

4. 달밤

이와 같이 나는 들었다.

어느 때 세존은 라쟈가하 교외의 대나무숲인 칼란다카 니바
파 동산에 계셨다.

그런데 그때 사리풋타 장로와 마하목갈라나 장로는 카포타
칸달라에 있었다. 사리풋타 장로는 달밝은 밤에 새로이 삭발한
머리로 밖에 나가 앉아 어떤 삼매에 들어 있었다.

때에 야차 둘이 무슨 용무가 있어 북쪽에서 남쪽으로 가던
중이었다. 두 야차는 사리풋타 장로가 달밝은 밤에 삭발한 머
리로 밖에 앉아 있는 모습을 보았다. 첫째 야차가 둘째 야차에
게 말했다.

"이보게, 이 사문의 머리를 한 대 갈겨·보지 않겠나?"

이 말을 듣고 둘째 야차는 말했다.

"그만두게. 사문을 때려서는 안 되네. 벗이여! 이 사문은 훌륭한 인물이며 위대한 신통력을 지니고 있네."

첫째 야차가 둘째 야차에게 또 말했다.

"이 사문의 머리를 한 대 갈겨 보세."

둘째 야차가 다시 만류했지만 첫째 야차는 친구의 충고를 따르지 않고 사리풋타 장로의 머리에 일격을 가했다. 그 일격은 코끼리를 7라타나[31]혹은 7라타나와 반이나 되는 땅속으로 묻어 버릴 정도로 강했으며 또한 산 정상을 산산조각낼 정도로 센 것이었다. 그러나 그 야차는 "앗! 뜨거워, 앗! 뜨거워" 하며 대지옥으로 떨어졌다.

마하목갈라나 장로는 맑고 비범한 천안으로 야차가 사리풋타 장로의 머리를 때리는 모습을 보고 달려와서 말했다.

"법우여! 견디시겠습니까? 괜찮습니까? 어디 아픈 데는 없습니까?"

"목갈라나 법우여! 저는 괜찮습니다. 다만 조금 두통이 있을 뿐입니다."

"사리풋타 법우여! 참으로 불가사의하고 희유합니다. 사리풋타 장로는 위대한 신통력을 갖고 계십니다. 지금 웬 야차가 그대의 머리를 때렸던 것입니다. 그 힘의 세기란 코끼리를 7라타나도 더 되는 땅속에 묻을 수도 있으며 산 정상을 조각낼 수 있을 정도로 강한 것입니다. 그런데도 그대는 그저 조금 두통을 느낄 뿐이라고 하고 계십니다."

"목갈라나 법우여! 참으로 불가사의하고 희유합니다. 마하목갈라나 장로야말로 위대한 신통력을 지니고 계십니다. 왜냐하면 마하목갈라나 장로는 야차를 볼 수 있기 때문입니다. 하지만 저는 지금 니귀³⁰(泥鬼)조차도 볼 수 없습니다."

세존은 맑고 비범한 천이(天耳)로 이 두 사람의 위대한 용(大龍; 뛰어난 비구의 존칭)이 나누는 대화를 들으시게 되었다.

때에 세존은 그것을 아시고 이러한 우다나를 노래하셨다.

커다란 바위처럼 마음이 굳건한 자는 흔들리지 않는다. 더러운 것에 물들지 않고 화를 일으키는 것에 대해서도 화내지 않는다. 이처럼 수행된 마음을 가진 자에게 어디서 고통이 찾아오겠는가.

5. 코끼리

이와 같이 나는 들었다.

어느 때 세존은 코삼비의 고시타 동산에 계셨다.

그런데 그때 세존은 비구와 비구니, 우바새와 우바이(여자 재가신자), 국왕과 대신 그리고 외도와 외도의 제자들에게 둘러싸여 아주 혼란스럽고 어지럽고 불쾌한 상태로 지내고 계셨다. 그리하여 세존은 생각하셨다.

"나는 지금 비구와 비구니, 우바새와 우바이, 국왕과 대신 그리고 외도와 외도의 제자들로 인해 혼란스럽고 불쾌한 상태로 지내고 있다. 나 홀로 사람들의 무리에서 멀리 떠나 지내기로 하자."

세존은 옷을 입고 발우와 가사를 들고 아침 탁발을 하러 코삼비로 가셨다. 탁발을 마치고 돌아오신 후 몸소 침구와 발우를 거두어 들고 시자와 비구승단에게조차도 알리지 않은 채 혼자 팔릴레야카 마을을 향하여 유행에 나섰다. 차츰 나아가시던 중 팔릴레야카 마을에 도착하셨다.

그리하여 세존은 팔릴레야카 마을 방호림 속의 어떤 상서로운 나무 아래에 머무셨다.

이때에 당당하고 힘센 코끼리 한 마리가 숫코끼리며 암코끼리, 그리고 아기코끼리의 무리에 싸여 항상 산란하게 지내고 있었다. 그는 다른 코끼리들이 이미 다 뜯어 먹은 풀을 먹었으며, 다른 코끼리들은 그가 잘라 준 가지를 먹었다. 또한 그는 탁한 물만 먹었으며 물에서 나오면 암코끼리들이 그의 몸을 스치며 지나다녔다. 이리하여 그는 어지럽고 산란하고 항상 불쾌한 상태로 지내었다. 그러자 그 위풍당당한 코끼리는 생각하였다.

"나는 지금 숫코끼리며 암코끼리, 그리고 어린 코끼리들에게 둘러싸여 산란하게 지내고 있다. 저들이 다 뜯어 먹은 풀을 먹으며 내가 잘라 놓은 가지는 저들이 다 먹어 치운다. 혼탁한 물을 먹고, 또 물에서 나오면 암코끼리가 스치며 지나간다. 그 때문에 나는 항상 산란하고 불쾌한 상태로 지내고 있다. 저 무리에서 멀리 떨어져 홀로 지내야겠다."

그래서 위풍당당한 코끼리는 무리에서 떨어져 나와 팔릴레야카 마을의 방호림에 있는 상서로운 사라 나무 아래 세존 계신 곳으로 갔다. 그래서 세존이 머무시는 그곳의 풀을 뽑아 버리기도 하고, 코로 세존이 마실 물과 씻을 물을 나르기도 하였다. 홀로 앉아 선정에 잠기시던 세존은 다음과 같이 생각하셨다.

"나는 이전에 비구와 비구니, 우바새와 우바이, 국왕과 대신 그리고 외도와 외도의 제자들로 인해 혼란스럽고 불쾌한 상태로 지내고 있었다. 하지만 지금은 그들로 인해 혼란스럽다거나 어지러운 일 없이 쾌적하게 지내고 있다."

위풍당당한 코끼리도 이렇게 생각하였다.

"나는 이전에 많은 코끼리들로 인해 혼란스럽게 지내었다. 하지만 지금은 그렇지 않다. 신선한 풀도 먹고 맑은 물도 마실 수 있다. 내가 잘라 놓은 가지를 그들이 먹어 치우는 일도 없고 물에서 나와도 암코끼리가 스치며 지나가지 않는다. 나는 이처럼 편안하고 쾌적하게 지내고 있다."

세존은 스스로의 원리(遠離 ; 멀리 떠남)를 아시고, 위풍당당한 코끼리의 생각을 아시어 이러한 우다나를 노래하셨다.

> 나룻(수레 양쪽에 있는 채)과 같은 상아를 갖고 있는 위풍당당한 코끼리의 마음은 숲속에서 홀로 즐기는 성자의 마음과 같다.

6. 핀둘라

이와 같이 나는 들었다.

어느 때 세존은 사밧티 교외의 제타숲 아나타핀디카 장자의 동산에 계셨다.

그런데 그때 핀둘라바라드바쟈 장로는 세존 계신 곳으로부터 그다지 멀지 않은 곳에서 두 발을 맺고 자세를 똑바로 하여 앉아 있었다. 그는 숲속에 살면서 탁발로 끼니를 잇고 천조각을 기운 옷을 입고, 옷은 세 가지밖에 지니지 않았으며 욕심이 거의 없고 만족할 줄 알았다. 홀로 지내며 많은 사람과 만나지 않았고 정진하고 두타[33](頭陀)를 행하며 훌륭한 삼매에 마음을 쏟고 있었다.

세존은 핀둘라바라드바쟈 장로가 그다지 멀지 않은 곳에서 두 발을 맺고 똑바로 앉아 두타행을 하며 정진노력하여 삼매에 마음을 쏟고 있는 모습을 보셨다.

때에 세존은 그것을 아시고 이러한 우다나를 노래하셨다.

남을 비방하지 않고 해치지 않으며 바라제목차에 의해 스스로를 지키며 음식의 적당한 양을 알고 사람들의 마을에서 떨어져 지내며 훌륭한 삼매에 전심하라. 이것이 모든 부처님의 가르침이다.

7. 사리풋타

이와 같이 나는 들었다.

어느 때 세존은 사밧티 교외의 제타숲 아나타핀디카 장자의 동산에 계셨다.

그런데 그때 사리풋타 장로는 세존으로부터 그다지 멀리 떨어지지 않은 곳에서 두 발을 맺고 똑바로 앉아 욕심 없고 만족할 줄 알며 홀로 지내면서 많은 사람과 어울리지 않으며 정진하여 훌륭한 삼매에 전념하고 있었다.

세존은 사리풋타 장로가 그다지 멀지 않은 곳에서 두 발을 맺고 똑바로 앉아 욕심 없으며 많은 사람들과 어울리지 않으며 정진하고 있는 모습을 보셨다.

때에 세존은 그것을 아시고 이러한 우다나를 노래하셨다.

훌륭한 삼매에 머물러, 게으름에 빠지지 않고, 침묵하는 성인의 길을 닦아 이처럼 마음이 고요하고 항상 사려깊은 이에게 근심이란 없다.

8. 순다리

이와 같이 나는 들었다.

어느 때 세존은 사밧티 교외의 제타숲 아나타핀디카 장자의 동산에 계셨다.

그런데 그때 세존은 많은 사람들의 존경을 받으며 옷과 음식, 침구와 약품 등의 보시를 받으며 지내셨다. 비구승단도 그러하였다.

그러나 외도 유행자들은 사람들의 존경을 받지 못해 옷이며 음식, 기타 필요한 약품 따위의 보시를 받지 못하였다. 외도들은 세존과 비구승단을 몹시 못마땅하게 여겨 여자 유행자인 순다리에게 말하였다.

"자매여! 그대는 친척을 위하여 일을 할 수 있습니까?"

"존귀하신 분이여! 무엇을 해야 합니까? 제가 할 수 있는 일은 무엇입니까? 친척을 위해서라면 목숨까지도 버리겠습니다."

"그렇다면 자매여! 제타숲을 자주 오가십시오."

"알겠습니다."

순다리는 외도의 말을 따라 제타숲을 빈번하게 오갔다. 외도들은 그녀의 잦은 출입이 사람들 눈에 띄었음을 확인하고 나서 그녀를 죽여 곧장 제타숲속의 도랑에 묻고 나서 코살라국 파세나디 왕에게 달려가 말하였다.

"대왕이시여! 여자 유행자인 순다리가 보이지 않습니다."

"그대들은 순다리가 어디에 있다고 생각되는가?"

"제타숲일 것입니다."

"그렇다면 그곳을 뒤져 보도록 하자."

그러자 외도 유행자는 제타숲의 도랑을 뒤져서 버려진 채로 있던 시체를 꺼내었다. 그리고 그 시체를 침상에 올려 사밧티 거리로 날라와 거리거리를 다니면서 사람들에게 혐오감을 일으키게 하였다.

"자, 보라, 샤캬족 아들의 제자들이 한 짓을. 샤캬족 아들의 제자인 사문들은 계를 어기고 법다이 행동하지 않으며 거짓말을 일삼으며 청정행을 닦지 않는다. 그런데도 그들은 법을 지키고 올바르게 행동하며 청정행을 닦고 거짓말을 하지 않으며 계를 지키고 선행을 하고 있다고 공공연히 떠들고 있다. 그들에게는 사문의 자격 따위란 있을 수 없다. 바라문의 자격도 없다. 그들은 그러한 자격을 잃어 버렸다. 어떻게 그런 자들이 사문이며 바라문일 수 있단 말인가. 사문의 길, 바라문의 길을 벗어난 것이다. 대체 무슨 이유로 남자의 본분을 지킨다는 명목 아래 여자의 목숨을 **빼앗을** 수 있다는 말인가?"

  사밧티 사람들은 비구를 보기만 하면 이렇게 저속한 욕으로
매도하고 비난하였고 험한 말을 퍼붓고 꺼리고 괴롭혔다.

  때에 많은 비구들은 옷을 입고 발우와 가사를 들고 사밧티
로 탁발하러 들어갔다. 탁발을 끝내고 돌아와 세존 계신 곳으
로 나아가 세존께 절을 하고 한쪽에 앉았다. 옆에 앉은 비구들
은 세존께 여쭈었다.

  "스승이시여! 사밧티 사람들은 지금 비구를 보면 욕하고 비
난하며 꺼리고 괴롭힙니다. '이 샤캬족 아들의 제자인 사문들
은 부끄러워할 줄을 모르며, 계를 어기고 법다이 행동하지 않
으며, 거짓말을 일삼고 청정행을 닦지 않는다. 그런데도 그들
은 법을 지키고 올바르게 행동하며 청정행을 닦고 거짓말을
하지 않으며 계를 지키고 선행을 하고 있다고 공언하고 있다.
그들에게는 사문이나 바라문의 자격도 없다. 어떻게 그런 자들
이 사문이며 바라문일 수 있단 말인가. 사문의 길, 바라문의
길을 벗어난 것이다. 대체 무슨 이유로 남자의 본분을 지킨다
는 명목 아래 여자의 목숨을 **빼앗을** 수 있다는 말인가'라고 말
입니다."

  "비구들이여! 그 소리는 오래가지 않을 것이다. 7일이 지나
면 그 소리는 사라질 것이다. 비구들이여! 사람들이 비구를 보
고 저속하고 포악한 말로 매도하거나 험한 말을 하고 꺼리고
괴롭힌다면 그대들은 다음과 같은 시구로 꾸짖도록 하라.

    거짓말하는 자는 지옥에 떨어진다. 저지르고 난 후에 '나는 저지

르지 않았다'라고 말하는 자도 마찬가지이다.

어느 쪽이든 죽은 뒤에는 같은 곳으로 향한다. 지금부터 어딘가에
서 비열한 행위를 하는 자도 마찬가지이다."

그러자 비구들은 세존 앞에서 이 시구를 외운 후 사람들이
욕하고 괴롭힐 때 세존의 말씀을 따라 이 시구로써 꾸짖었다.

그러자 사람들은 생각하였다. '이 샤캬족 아들의 제자인 사
문들이 범인은 아닐 것이다. 그들은 지금 자신들이 저지르지
않았음을 맹세하고 있다.'

비난의 소리는 오래가지 않았다. 그 소리는 정확히 7일간 이
어지다가 사라져 버렸다.

그러자 많은 비구들은 세존 계신 곳으로 다가가 세존께 절
을 하고 곁에 앉았다. 비구들은 세존께 아뢰었다.

"스승이시여! 불가사의합니다. 신기한 일이옵니다. 7일 후면
비난의 소리가 사라지리라던 말씀이 그대로 들어맞았습니다.
스승이시여! 그 소리가 사라졌습니다."

그러자 많은 비구들은 세존 계신 곳으로 다가가 세존께 절
을 하고 곁에 앉았다. 비구들은 세존께 아뢰었다.

"스승이시여! 불가사의합니다. 신기한 일이옵니다. 7일 후면
비난의 소리가 사라지리라던 말씀이 그대로 들어맞았습니다.
스승이시여! 그 소리가 사라졌습니다."

때에 세존은 그것을 아시고 이러한 우다나를 노래하셨다.

자제심 없는 사람들은, 마치 전쟁터에서 만난 코끼리에게 화살을
쏘듯이 말로써 사람에게 상처입힌다. 난폭하게 토해낸 말을 들어도

비구는 그 마음에 노함을 품지 말고 인내하여야 한다.

9. 반간타의 아들 우파세나

이와 같이 나는 들었다.

어느 때 세존은 라쟈가하 교외의 대나무숲 칼란다카 니바파 동산에 머무셨다.

그때 고요히 홀로 선정에 잠겨 있던 반간타의 아들인 우파세나 장로의 마음에 다음과 같은 생각이 일어났다.

"나는 얼마나 행복한 사람인가! 나의 스승이 세존이시며 아라한이며 올바로 깨달으신 분이라는 사실이 내게 얼마나 다행한 일인가! 올바로 설하신 법과 율[34](律)에서 집을 떠나 출가자가 된 사실도, 또한 나의 도반들이 계를 지니고 올바른 법을 지키는 사람이라는 사실도, 계를 지킬 수 있다는 사실도, 마음이 편안하다는 사실도, 마음을 한곳에 집중시킬 수 있고, 아라한이 되며, 번뇌를 멸한 자가 되었다는 사실도, 위대한 신통력을 가졌다는 사실도, 내게 얼마나 다행한 일인가! 나의 생은 행복하다. 나의 죽음 또한 행복할 것이다."

세존은 반간타의 아들 우파세나 장로의 생각을 아시고 이러한 우다나를 노래하셨다.

생을 고통스러워하지 않는 자는 죽음에 임박해서도 슬퍼하지 않는다. 진리를 환히 안 현자라면 근심 한가운데 놓여 있어도 슬퍼하지 않는다. 삶에 대한 타오르는 욕구를 끊어 마음이 고요한 비구에게는 생사윤회[35]가 모두 끝나 두 번 다시 생을 받지 않는다.

10. 사리풋타

이와 같이 나는 들었다.

어느 때 세존은 사밧티 교외의 제타숲에 있는 아나타핀디카 장자의 동산에 계셨다.

그런데 그때 사리풋타 장로는 세존에게서 그다지 멀지 않은 곳에서 두 발을 맺고 자세를 바로하고 앉아 자신의 마음의 고요함을 관조하고 있었다.

세존은 사리풋타가 멀지 않은 곳에서 결가부좌하고 올바로 마음의 고요함을 관조하고 있는 모습을 보시게 되었다.

때에 세존은 그것을 아시고 이러한 우다나를 노래하셨다.

마음이 고요해지고, 미혹의 생으로 이끄는 타오르는 욕구를 끊은 비구는 생사윤회가 모두 다하여 악마의 속박에서 풀려나게 된다.

제4장 메기야
그 결말을 짓는 구절

메기야, 들뜬 마음, 소치는 사람, 달밤, 그리고 코끼리가 다섯 번째. 핀둘라와 사리풋타, 순다리는 여덟 번째. 반간타의 아들 우파세나, 그리고 사리풋타, 모두 합해서 열 가지.

제5장 소나 장로

1. 왕

이와 같이 나는 들었다.

어느 때 세존은 사밧티 교외의 제타숲 아나타핀디카 장자의 동산에 머무셨다.

그런데 그때 코살라 국왕 파세나디는 말리카 왕비와 함께 누각에 올라 있었다. 파세나디 왕은 말리카 왕비에게 말했다.

"말리카여! 그대에게는 자신보다 더 사랑스러운 사람이 있으시오?"

"대왕이시여! 제게는 저보다 더 사랑스러운 사람은 어디에도 없습니다. 대왕께서는 어떻습니까?"

"말리카여! 내게도 나보다 더 사랑스러운 사람은 없소."

그러자 코살라 국왕 파세나디는 누각에서 내려와 세존 계신 곳으로 가서 세존께 절을 하고 곁에 앉았다. 곁에 앉은 파세나디 왕은 왕비와 누각에서 나눈 이야기를 세존께 고스란히 아뢰었다.

때에 세존은 그것을 아시고 이러한 우다나를 노래하셨다.

　마음으로 곳곳을 찾아다녀도 어디에도 자신보다 사랑스러운 것을 만날 수 없다. 자신이 사랑스럽다는 이치는 다른 이에게서도 또한 그러하다. 그러므로 자신을 사랑하는 사람은 남을 다치게 해서는 안 된다.

2. 단명(短命)

이와 같이 나는 들었다.

어느 때 세존은 사밧티 교외의 제타숲 아나타핀디카 장자의 동산에 계시었다.

때에 아난다 장로는 사람들로부터 멀리 떨어져 홀로 선정에 잠겨 있었다. 저녁이 되어 자리에서 일어난 아난다 장로는 세존 계신 곳으로 와서 세존께 절을 하고 곁에 앉았다. 곁에 앉은 아난다 장로는 세존께 아뢰었다.

"스승이시여! 참으로 희유하고 불가사의합니다. 세존의 어머님은 단명하시지 않았습니까? 세존의 어머님은 세존께서 태어나신 지 이레째 되는 날 죽음을 맞아 도솔천[36]에 태어나셨습니다."

"그렇다, 아난다여! 무릇 보살[37]의 어머니는 단명을 한다. 보살의 어머니는 보살이 태어나 이레째 되는 날에 죽음을 맞아 도솔천에 태어난다."

때에 세존은 그것을 아시고 이러한 우다나를 노래하셨다.

　무릇 이 세상에서 목숨을 받은 자는 누구든 막론하고 모두가 육체를 버리고 떠나갈 것이다.

이 모든 멸함을 깨달은 올바른 사람은 쉬지 않고 청정행을 닦아야 할 것이다.

3. 문둥병 환자

이와 같이 나는 들었다.

어느 때 세존은 라쟈가하 교외의 대나무숲인 칼란다카 니바파 동산에 계셨다.

그런데 그때 라쟈가하에는 숫파붓다라는 이름의 문둥병 환자가 살고 있었다. 그는 가련한 부랑자였다.

어느 날 세존은 수많은 사람들에게 둘러싸여 법을 설하고 계셨다. 문둥병 환자 숫파붓다는 많은 사람이 모여 있는 광경을 멀리서 지켜보며 생각하였다.

"필시 저곳에서는 뭔가 단단한 음식이라든가 부드러운 음식을 나누어 주고 있을 것이다. 나도 저 사람들 있는 곳으로 가보자. 거기 가면 틀림없이 먹을 것을 얻을 수 있으리라."

문둥병 환자 숫파붓다는 그곳으로 갔다. 그런데 그는 그곳에서 세존이 많은 사람들에게 둘러싸여 법을 설하고 계시는 모습을 보고 생각하였다.

"여기에서는 먹을 것을 나누어 주는 게 아니라 이 사문 고

타마가 사람들 한가운데에서 법을 설하고 계셨던 것이다. 나도
법을 들어 보기로 하자."

그는 법을 들으려고 그곳에 앉았다. 그러자 모든 사람들의
마음을 알고 계시던 세존은 "여기에서 법을 이해할 만한 자는
누구일까?" 하고 생각하셨다. 세존은 문둥병 환자 숫파붓다가
사람들 가운데에 앉아 있는 모습을 보시자 "이 남자라면 법을
이해할 수 있을 것이다"라고 생각하시고 그를 위해 순서대로
법을 설하셨다. 즉, 보시[38]에 관한 이야기, 계율에 관한 이야기,
하늘에 나는 이야기, 온갖 욕망에는 허물이 있고 비천하며 더
러움이 있다는 것과 욕망을 떠나는 일은 이익이 된다는 것을
설명하셨다.

세존은 문둥병 환자 숫파붓다의 마음이 겸손해지고 부드러
워지며 편견이 없어지고 북돋워지며 드맑아졌음을 아시고 모
든 부처님의 가르침 중에서 가장 훌륭한, 괴로움·괴로움의 집
기·괴로움의 멸함·괴로움을 멸하는 길(苦·集·滅·道[39])을 설하셨
다. 그러자 눈처럼 깨끗하고 하얀 천이 갖가지 염색약을 순식
간에 빨아들이듯 문둥병 환자 숫파붓다는 바로 그자리에서
"무엇이든 생겨난 것은 모두 멸한다"라고 깨달아 더러움을 떠
나 깨끗한 법의 눈이 생겼다.

숫파붓다는 법을 보고 법에 통달하였고 법을 알며, 법을 깊
이 이해하여 의심을 넘어서고 의혹을 떠나 확신을 얻어 스승
의 가르침으로 말미암아 다른 이의 가르침에 마음이 흔들리지
않는 이가 되어 자리에서 일어나 세존께 다가갔다. 그리하여
세존께 절을 하고 곁에 앉아 이렇게 말씀드렸다.

"스승이시여! 불가사의하고 훌륭합니다. 스승이시여! 마치 넘어진 자를 일으켜 세운 듯하고, 막혔던 것을 뚫은 것과 같고, 길잃은 자에게 길을 가르쳐 주는 것과 같고, 눈있는 자가 환히 보고자 어둠 속에서 등불을 내거는 것과 같이 세존은 여러 가지로 가르침을 밝혀 주셨습니다. 스승이시여! 이제 저는 세존과 법과 비구승단에 귀의하겠나이다. 세존이시여! 저를 우바새로 거두어 주소서. 지금부터 목숨이 다할 때까지 귀의하나이다."

문둥병 환자 숫파붓다는 세존의 설법에 깨우침을 얻고 격려를 받고 고무되고 기쁨을 얻자 크게 기뻐하고 고마워하면서 자리에서 일어나 세존을 오른쪽으로 돌며 경배한 뒤 떠나갔다.

그런데 그때 어린 송아지를 데리고 가던 암소가 숫파붓다를 들이받아 그의 목숨을 빼앗아 버렸다. 그러자 수많은 비구들은 세존 계신 곳으로 가서 세존께 절을 하고 곁에 앉아 이렇게 여쭈었다.

"스승이시여! 세존의 가르침에 깨달음을 열어 기쁨을 얻었던 숫파붓다라는 이름의 문둥병 환자가 숨을 거두었습니다. 그는 어떤 경지로 나아갈 것이며 그의 내세는 어떠하겠습니까?"

"비구들이여! 문둥병 환자 숫파붓다는 현자로서 법에 의거해 실천하였다. 또한 법에 대한 논쟁으로 나를 괴롭히는 일이 없었다. 비구들이여! 숫파붓다는 삼결(三結)[40]을 끊은 예류[41]인(預流人)이 되어 뒤로 물러서지 않고 틀림없이 올바른 깨달음의 경지로 나아가게 될 것이다."

이 말을 들은 한 비구가 세존께 여쭈었다.

"스승이시여! 숫파붓다가 문둥병에 걸려 가련한 부랑자가
된 까닭은 무엇입니까?"

"비구들이여! 문둥병 환자 숫파붓다는 전생에 이 라쟈가하
에서 대부호의 아들이었다. 그가 동산을 산책하고 있을 때 타
가라시킴벽지불[42]이 거리에서 탁발하는 모습을 보고 '이 문둥
병 환자야! 감히 어디를 돌아다니는가!' 하며 침을 뱉고 비웃
으며 떠나갔다. 그 업보로 인해 그는 수백 년, 수천 년, 아니
수십만 년이나 지옥에서 고통을 받아 왔다. 그 업보가 지금까
지 사라지지 않고 남아 있어 이 라쟈가하에서 가련한 부랑자
가 된 것이다. 그러나 그는 여래[43]에게서 가르침 받은 법과 율
에 의해 믿음을 얻고 계를 얻고 지식을 얻었으며, 마음의 평정
을 얻고 지혜를 얻었다. 그는 그로 인해 사후, 좋은 경지 다시
말하면 하늘에 왕생하여 삼십삼천의 신들과 함께 있게 될 것
이다. 그는 그곳에서 다른 천신들보다 가장 아름답고 이름이
널리 알려지게 되리라."

때에 세존은 그것을 아시고 이러한 우다나를 노래하셨다.

눈있는 자가 있는 힘껏 노력하여 위험을 피해 가듯이 현자는 이
세상의 악을 피해야 한다.

4. 아이들

이와 같이 나는 들었다.

어느 때 세존은 사밧티 교외의 제타숲 아나타핀디카 장자의

동산에 계셨다.

그런데 그때 많은 아이들이 사밧티와 제타숲 사이에서 물고기를 괴롭히고 있었다.

그때 세존은 옷을 입고 가사와 발우를 들고 사밧티에 아침 탁발을 하러 가시던 참이었다. 세존은 많은 아이들이 물고기를 괴롭히는 광경을 보고 그곳으로 가서서 말씀하셨다.

"얘들아! 만약 누군가 너희를 괴롭히려 든다면 너희들은 그 고통이 두려울 것이다. 그리하여 고통을 꺼릴 것이다."

"스승이시여! 그렇습니다. 저희들은 고통을 두려워하고 꺼릴 것입니다."

때에 세존은 그것을 아시고 이러한 우다나를 노래하셨다.

만약 그대들이 고통을 꺼린다면 사람이 보고 있든 보고 있지 않든 악한 일을 하지 말아라. 만약 악한 일을 하거나 그에 앞서 악한 일을 하고자 마음먹는다면 마치 허공을 날며 몸을 숨기려 하는 것처럼 그대들은 고통으로부터 달아날 수 없으리라.

5. 포살(布薩)

이와 같이 나는 들었다.

어느 때 세존은 사밧티의 동쪽 동산에 있는 미가라 어머니가 기증한 강당에 머무셨다.

그런데 그때 세존은 그날의 포살[44]로 인해 비구승단에 둘러싸여 앉아 계셨다.

때에 아난다 장로는 밤이 이슥해 초저녁이 지나자 자리에서 일어나 한쪽 어깨에 옷을 두르고 세존께 합장하며 아뢰었다.

"스승이시여! 어둠이 다가와 초저녁이 지났습니다. 비구승단은 오래도록 앉아 있었습니다. 스승이시여! 비구들을 위해 바라제목차를 설해 주소서."

이렇게 여쭈었지만 세존은 침묵을 지키며 앉아 계셨다. 다시 초저녁을 훨씬 지나 한밤중이 되자 아난다 장로는 세존께 때를 알리고 설법을 청하였다. 그러나 세존은 여전히 침묵을 지키셨다. 다시 한밤중도 훨씬 지나 새벽이 밝아 오자 아난다 장로는 세존께 여쭈었다.

"스승이시여! 밤이 깊어 한밤중도 지났고 지금은 새벽이 밝아져 옵니다. 비구승단은 오래도록 앉아 있었습니다. 스승이시여! 비구들을 위해 바라제목차를 설해 주소서."

"아난다여! 이곳에 모인 자는 더럽혀져 있다."

그러자 마하목갈라나 장로는 생각하였다.

"세존은 어떤 사람에 대해서 그렇게 말씀하셨을까?"

마하목갈라나 장로는 비구승단의 모든 사람들의 마음을 관찰하였다. 그리하여 더럽혀져 있는 사람이 비구승단에 끼어 앉아 있는 것을 발견하였다. 마하목갈라나 장로는 그를 발견하자 곧 자리에서 일어나 그에게 다가가 말하였다.

"벗이여! 일어나시오. 세존께서는 알고 계십니다. 비구들과 함께 있어서는 안 됩니다."

그러나 그 사람은 대꾸도 없이 앉아 있었다. 마하목갈라나 장로는 재차 그에게 말하였으나 그는 여전히 그대로 앉아 있었다. 그러자 마하목갈라나 장로는 그 남자의 팔을 낚아채어 문 밖으로 내쫓고 나서 빗장을 지른 뒤 세존 계신 곳으로 와서 말씀드렸다.

"스승이시여! 제가 그 남자를 쫓아 버렸습니다. 이제 모여 있는 사람들은 깨끗합니다. 스승이시여! 비구들을 위해 바라제목차를 설해 주소서."

"목갈라나여! 참으로 놀랍고 기이한 일이구나. 저 우둔한 자는 팔이 붙들릴 때까지 나가지 않았구나."

이윽고 세존은 비구들에게 말씀하셨다.

"비구들이여! 나는 이제부터 포살을 행하지 않고 바라제목차도 설하지 않겠다. 지금부터는 그대들이 포살을 행하고 바라제목차를 설하라. 비구들이여! 여래가 깨끗하지 않은 집회를 위해 포살을 행하고 바라제목차를 설한다는 것은 이치에 어긋난 일이다.

비구들이여! 바다에는 불가사의하고 신기한 여덟 가지 일이 있어 아수라는 그것을 보고 바다를 좋아한다. 여덟 가지란 무엇인가 하면 첫째로는 비구들이여! 바다의 밑바닥은 서서히 기울어지고 서서히 낮아지며 서서히 깊어지는 것으로 절벽처럼 급경사진 것이 아니다. 비구들이여! 바다는 그러한 것이다. 이것이 바다가 불가사의한 첫번째 일로서 아수라는 그것을 보고 바다를 좋아한다.

두 번째로는 비구들이여! 바닷물은 일정하게 있어 해안을 넘지 않는다. 비구들이여! 바다는 그러한 것이다.

세 번째로는 비구들이여! 바다는 시체를 받아들이지 않는다.

바다에 시체가 있을 때는 순식간에 해안으로 밀어 올린다. 비구들이여! 바다는 그러한 것이다.

네 번째로는 비구들이여! 강가, 야무나, 아치라바티, 사라부, 마히와 같은 큰 강들도 바다에 닿으면 본래의 이름을 버리고 오직 바다라는 이름으로만 불린다. 비구들이여! 바다는 그러한 것이다.

다섯 번째로는 비구들이여! 온 세계의 강이 바다로 흘러들며 하늘로부터는 비가 내린다. 그렇지만 그로 인해 바닷물이 줄거나 느는 일은 없다. 비구들이여! 바다는 그러한 것이다.

여섯 번째로는 비구들이여! 바다의 짠맛은 어디나 똑같다. 비구들이여! 바다는 이러한 것이다.

일곱 번째로는 비구들이여! 바다에는 진주, 수정, 자거(硨磲), 산호, 금, 은, 루비, 마노(瑪瑙) 등과 같은 갖가지 보석이 많이 있다. 비구들이여! 바다는 그러한 것이다.

여덟 번째로는 비구들이여! 바다에는 티미, 티민갈라, 티밀라핀갈라, 아수라, 용, 간다르바 등과 같은 거대한 생물이 살고 있는데 그 크기는 백 요자나[45], 2백, 3백 내지 5백 요자나이다. 비구들이여! 바다는 그러한 것이다. 비구들이여! 이것이 바다가 불가사의한 여덟 번째 일로서 아수라는 이것을 보고 바다를 좋아한다.

비구들이여! 이상이 바다가 불가사의한 여덟 가지 일로서 아수라는 이것을 보고 바다를 좋아한다.

비구들이여! 이와 마찬가지로 이 법과 율에 있어서도 여덟 가지의 불가사의하고 희유한 사항이 있어 비구는 이것을 보고 법과 율을 좋아한다.

여덟 가지란 무엇인가 하면 첫째로는 비구들이여! 바다의 밑바닥이 서서히 기울어지고 서서히 낮아지며 서서히 깊어지는 것으로 절벽처럼 급경사진 것이 아니듯 비구들이여! 이 법과 율에 있어서도 서서히 배워 가고, 서서히 행하고 서서히 실천하는 것으로, 순식간에 완전한 이해가 가능한 것은 아니다.

비구들이여! 이것이 법과 율이 불가사의한 첫번째 일이다.

두 번째로는 비구들이여! 바닷물은 일정하게 있어 해안을 넘지 않는 것처럼 비구들이여! 나의 제자들은 설령 목숨을 버릴지라도 내가 베푼 계율의 조항을 범하지 않는다. 비구들이여! 이것이 법과 율이 불가사의한 두 번째 일이다.

세 번째로는 비구들이여! 바다는 시체를 받아들이지 않아 시체가 있을 때에는 순식간에 해안으로 밀어 올리듯이 비구들이여! 계를 깨고 악한 일을 저지르고 부정하게 의심받을 행위를 하며 비밀리에 악한 일을 하여 사문이 아닌데도 사문이라 자칭하거나 청정행을 닦고 있지 않는데도 청정행을 닦고 있다고 일컬으며, 마음이 부패하여 번뇌로 가득 찬, 본래부터 부정한 인물과는 비구승단은 함께 생활하지 않는다. 만약 그러한 자가 있으면 즉시 모여 그의 죄를 꾸짖는다. 비록 그가 비구승단 한가운데 앉아 있고자 해도 그는 비구승단으로부터 멀어지거나 비구승단도 그로부터 멀어지게 된다. 비구들이여! 이것이 법과 율이 불가사의한 세 번째 일로서 비구는 이것을 보고 법과 율을 좋아한다.

네 번째로는 비구들이여! 강가, 야무나, 아치라바티, 사라부,

마히와 같은 큰 강들이 바다에 닿으면 본래의 이름을 버리고 오직 바다라는 이름으로만 불리듯이, 비구들이여! 캇티야[46], 브라흐마나(주 46 참조), 벳사(주 46 참조), 숫다(주 46 참조)의 네 가지 계급의 사람들은 여래가 설하신 법과 율에 따라 집을 떠나 출가한 후에는 본래의 이름을 버리고 오직 샤캬족의 아들을 따른 사문이라고만 불린다. 비구들이여! 이것이 법과 율이 불가사의한 네 번째 일로서 비구는 이것을 보고 법과 율을 좋아한다.

다섯 번째로는 비구들이여! 온 세계의 강이 바다로 흘러들며 하늘로부터는 비가 내리지만 그로 인해 바닷물이 줄거나 느는 일이 없듯이 비구들이여! 수많은 비구가 무여열반[47](無餘涅槃)의 세계로 간다 하더라도 그로 인해 열반에는 줄거나 느는 일이 일어나지 않는다. 비구들이여! 이것이 법과 율이 불가사의한 다섯 번째 일로서 비구는 이것을 보고 법과 율을 좋아한다.

여섯 번째로는 비구들이여! 바다의 짠맛이 어디서나 동일하듯이 비구들이여! 이 법의 해탈의 맛은 어디나 동일하다. 비구들이여! 이것이 법과 율이 불가사의한 여섯 번째 일로서 비구는 이것을 보고 법과 율을 좋아한다.

일곱 번째로는 비구들이여! 바다에는 진주며 수정, 마노 등의 갖가지 보석이 많이 있듯이 비구들이여! 이 법과 율에는 사념처[48], 사정근(주 48 참조), 사신족(주 48 참조), 오근(주 48 참조), 오력(주 48 참조), 칠각지(주 48 참조), 팔성도(주 48 참조) 등과 같은 갖가지 보석이 많이 있다. 비구들이여! 이것이 법과 율이 불가사의한 일곱 번째 일로서 비구는 이것을 보고 법과 율을 좋아한다.

여덟 번째로는 비구들이여! 바다에는 티미, 아수라, 용 등과 같은 거대한 생물이 살고 있으며 그 크기가 백 내지 5백 요자나인 것처럼 비구들이여! 이 법과 율에는 예류인, 예류를 증득함으로써 살아가는 사람, 일래인[49](一來人), 일래를 증득함으로써 살아가는 사람, 불환인[50](不還人), 불환을 증득함으로써 살아가는 사람, 아라한(阿羅漢), 아라한을 증득함으로써 살아가는 사람 등의 위대한 사람들이 살고 있다. 비구들이여! 이것이 법과 율이 불가사의한 여덟 번째 일로서 비구는 이것을 보고 법과 율을 좋아한다.

비구들이여! 이상이 법과 율에 있어서의 여덟 가지 불가사의하고 희유한 사항이다. 비구는 이것을 보고 법과 율을 좋아한다.”

때에 세존은 그것을 아시고 이러한 우다나를 노래하셨다.

지붕이 있으므로 비가 샌다. 지붕이 없으면 비가 새지 않는다. 그러므로 덮개를 걷어라. 그러면 비가 새지 않을 것이다.

6. 소나

이와 같이 나는 들었다.

어느 때 세존은 사밧티 교외의 제타숲 아나타핀디카 장자의 동산에 계셨다.

그런데 그때 마하캇챠나 장로는 아반티에 있는 쿠라라갈라 산에 있었다. 그 무렵 우바새인 소나 코티칸나는 마하캇챠나 장로의 시자로 있었다. 고요한 곳에서 홀로 선정에 잠겨 있던 우바새 소나 코티칸나의 마음에 다음과 같은 생각이 떠오르고 있었다.

"마하캇챠나 스승께서 법을 설하신 바에 의하면 만약 재가 생활을 하게 되면 완전무결하고 청정무구한, 잘 닦여진 자거껍 질과 같은 청정행을 실천하기가 쉽지 않다. 머리털과 수염을 자르고 가사를 두루고 집을 떠나 출가자가 되는 것이 어떨까."

그러자 우바새 소나 코티칸나는 마하캇챠나 장로가 있는 곳으로 가서 절을 하고 곁에 앉았다. 그리고 마음으로 생각한 것을 말하고 난 뒤 이렇게 청하였다.

"마하캇챠나 스승이시여! 저의 출가를 허락해 주소서."

이 말을 들은 마하캇챠나 장로는 우바새 소나 코티칸나에게 말하였다.

"소나여! 일생 동안 오직 하루에 한 끼만을 먹고 홀로 지내야 하는 청정행을 한다는 것은 결코 쉽지 않다. 소나여! 그대는 재가인 그대로 적당한 때에만 여러 부처님의 가르침인 하루 한 끼의 식사와 홀로 지내는 청정행을 실천하도록 하라."

그러자 우바새 소나 코티칸나는 출가하려던 생각을 단념하였다. 그런데 고요한 곳에서 홀로 선정에 잠겨 있던 소나에게 또다시 출가하고자 하는 마음이 일어났다. 그래서 스승인 마하캇챠나에게 가서 그 생각을 말씀드렸으나 마하캇챠나 장로는 앞서와 같은 대답을 하였다. 우바새 소나 코티칸나는 출가하려던 생각을 단념하고 다시 선정에 잠겼다.

그때 다시 한 번 출가를 하고 싶은 마음이 일어난 소나 코티칸나는 스승인 마하캇챠나 장로에게 나아가 거듭 말씀드리며 이렇게 청하였다.

"스승이시여! 출가하도록 허락해 주소서."

마하캇챠나 장로는 우바새 소나 코티칸나를 출가시켰다.

그 무렵 아반티국의 남쪽 길에는 비구가 거의 없었다. 마하캇챠나 장로는 3년간의 안거 뒤에 여기저기에서 10인의 비구 승단을 모아 소나 장로에게 구족계[51]를 주었다.

때에 소나 장로가 우안거[52]를 마치고 고요한 곳에서 홀로 선정에 잠겨 있는데 그때 이러한 생각이 떠올랐다.

"나는 아직 세존을 친견하지 못했다. 오직 세존은 이러이러한 분이라고 전해 들었을 뿐이다. 만일 나의 스승께서 허락을 하신다면 아라한이며 올바르게 깨달으신 분인 세존을 뵙기로 하자."

소나 장로는 저녁의 선정에서 일어나 마하캇챠나 장로에게 가서 절을 하고 곁에 앉아 이렇게 여쭈었다.

"스승이시여! 제가 고요한 곳에서 홀로 선정에 잠겨 있을 때 다음과 같은 생각이 떠올랐습니다. '나는 아직 세존을 친견하지 못했다. 다만 세존은 이러이러한 분이라고 전해 들었을 뿐이다. 만일 스승께서 허락하신다면 세존을 뵙기로 하자'라고."

"소나여! 참으로 장하구나. 아라한이며 올바르게 깨달으신 분인 세존을 만나러 가라. 소나여! 스스로 법열(法悅)에 넘쳐 있으며 남을 법열에 넘치게 하고, 몸과 마음이 함께 고요하며,

위없는 평안에 도달하였고 스스로를 잘 다스리고 훈련하였고 지키며, 여러 가지 감각기관으로 다스린 코끼리와 같은 세존을 뵈러 길을 떠나라. 그리하여 나의 이름으로 세존의 발에 이마를 대고 경배한 후 어려움 없고 변함없이 평안하시고 쾌적하게 잘 지내셨는가를 여쭈어라."

"그리 하겠나이다. 스승이시여!"

소나 장로는 마하캇챠나 장로의 말에 기뻐하고 고마워하며 자리에서 일어났다. 그리고 오른쪽으로 돌면서 경배를 한 후 침구와 좌구를 거두고 발우와 가사를 들고 사밧티를 향해 유행에 올랐다.

차츰 유행해 가던 중 이윽고 사밧티 교외의 제타숲 아나타핀디카 장자의 동산에 도착하여 세존 계신 곳으로 나아가 세존께 절을 하고 곁에 앉았다. 곁에 앉은 그는 세존께 말씀드렸다.

"스승이시여! 저의 스승인 마하캇챠나 장로는 세존의 발에 이마를 대고 절을 하며 '어려움 없고 변함없이 평안하시나이까, 언제나 쾌적하게 잘 지내셨나이까' 하며 인사를 올리나이다."

"비구여! 편안한가, 불편한 일은 없는가, 여행하느라 피로하지는 않는가, 탁발하느라 지쳐 있지는 않는가?"

"스승이시여! 편안하옵니다. 여행의 피로도 없고 탁발하느라 지쳐 있지도 않사옵니다."

세존은 아난다 장로에게 말하였다.

"아난다여! 멀리서 온 이 비구를 위해 침구와 좌구를 준비하도록 하라."

아난다 장로는 생각하였다. "세존께서 어떤 비구를 위해 나를 불러 저와 같은 말씀을 하실 때에는 그 비구와 함께 기거하기를 바라실 때이다. 그렇다. 세존께서는 지금 소나 장로와 같은 방에서 기거하기를 바라고 계신 것이다."

그러자 아난다 장로는 세존의 승방(僧房)에 소나 장로의 침상과 좌구를 준비하였다.

세존은 밤 깊도록 밖에 앉아 시간을 보내시다 이윽고 발을 씻고 승방에 들어가셨다. 소나 장로도 밤 깊도록 밖에 앉아 시간을 보내다가 발을 씻고 승방으로 들어갔다. 세존은 새벽에 일어나셔서 소나 장로에게 말씀하셨다.

"비구여! 법을 환히 설해 보도록 하라."

"그리 하겠나이다. 스승이시여!"

소나 장로는 세존의 말씀에 따라 〈앗타카박가〉(《숫타니파타》 제4장)에 들어 있는 16게송 전부를 낭랑하게 노래하였다. 소나 장로의 게송이 끝나자 세존은 대단히 기뻐하셨다.

"참으로 장하구나. 비구여! 〈앗타카박가〉에 들어 있는 16게송을 아주 잘 이해하였고 깊이 생각하고 관찰하였구나. 그대의 말은 아름답고 명료하며 틀린 곳이 없었고 그 뜻이 잘 이해되었다. 비구여! 그대는 출가한 지 몇 년이 되었는가?"

"세존이시여! 저는 출가한 지 1년이 되었습니다."

"비구여! 어찌하여 그토록 출가가 늦어졌는가?"

"스승이시여! 저는 탐욕과 바람에는 위험이 있음을 오래도록 깨달아 왔으나 재가생활은 너무나 바쁘고 해야 할 일이 많아 출가를 방해해 왔습니다."

때에 세존은 그것을 아시고 이러한 우다나를 노래하셨다.

세상 속의 위험을 보고 법을 알며 집착을 갖지 않는 성자는 악을 즐기지 않는다. 더럽혀지지 않은 사람은 악을 즐기지 않는다.

7. 레바타

이와 같이 나는 들었다.

어느 때 세존은 사밧티 교외의 제타숲 아나타핀디카 장자의 동산에 계셨다.

그런데 그때 캉카레바타 장로는 세존으로부터 그다지 멀리 떨어지지 않은 곳에서 가부좌를 맺고 자세를 바로하여 앉아서 스스로의 의혹을 뛰어넘어 청정한 마음을 바라보고 있었다.

세존은 캉카레바타 장로의 그러한 모습을 보시고 이러한 우다나를 노래하셨다.

삼매에 들어 열심히 청정행을 닦는 자는 이 세상에서나 저 세상에서나 스스로 느끼던 의심이든, 타인이 느끼던 의심이든 온갖 의심을 버린다.

8. 난다

이와 같이 나는 들었다.

어느 때 세존은 라쟈가하 교외의 대나무숲인 칼란다카 니바파 동산에 계셨다.

그런데 그때 아난다 장로는 포살일에 옷을 입고 발우과 가사를 들고 라쟈가하로 아침 탁발에 나섰다.

때에 데바닷타[33](提婆達多)는 아난다 장로가 탁발하러 오는 것을 보고 다가가 말하였다.

"아난다 벗이여! 나는 오늘부터 세존과는 별도로, 그리고 비구승단과도 별도로 포살과 승단의 작법(作法)을 하려고 하오."

아난다 장로는 탁발을 마치고 돌아와 세존 계신 곳으로 나아가 세존께 절을 하고 곁에 앉았다. 곁에 앉은 아난다 장로는 세존께 데바닷타의 말을 낱낱이 말씀드린 후 이렇게 여쭈었다.

"스승이시여! 데바닷타는 이제 승단을 분열시키려 하고 있습니다. 포살도 승단의 작법도 제멋대로 할 작정입니다."

때에 세존은 그것을 아시고 이러한 우다나를 노래하셨다.

  선한 이에게 선은 행하기 쉽고 악한 이에게 선은 행하기 어렵다.
  악한 이에게 악은 행하기 쉽고 성자들에게 악은 행하기 어렵다.

9. 시끄러운 젊은 바라문들

이와 같이 나는 들었다.

어느 때 세존은 수많은 비구승단과 함께 코살라국을 유행하고 계셨다.

그런데 그때 많은 젊은 바라문들이 세존을 놀리면서 와자지껄하게 곁을 지나가 버렸다.

세존은 많은 바라문 청년들의 그와 같은 모습을 보시고 이러한 우다나를 노래하셨다.

똑똑한 체 늘어놓는 말은 산란하다. 오직 말에 의지하여 지껄이며 돌아다니는 자들은 욕심껏 입을 크게 벌리고 말할 뿐, 스스로를 깨달음으로 이끄는 법을 알지 못한다.

10. 판타카

이와 같이 나는 들었다.

어느 때 세존은 사밧티 교외에 있는 제타숲 아나타핀디카 장자의 동산에 계셨다.

그런데 그때 출라판타카 장로는 세존 계신 곳으로부터 그다지 멀리 떨어지지 않은 곳에서 가부좌를 맺고 자세를 단정히 하고 생각을 올바르게 앞에 두고 앉아 있었다.

세존은 출라판타카 장로의 그와 같은 모습을 보시자 이러한 우다나를 노래하셨다.

고요하게 쉬고 있는 몸과 마음으로 서거나 앉거나 누운 비구는 이러한 생각을 곧추세워 과거와 미래의 이익을 얻는다. 과거와 미래의 이익을 얻어 죽음의 신이 미치지 못하는 곳으로 간다.

제5장 소나 장로
여기에 결말을 짓는 구절이 있다.

왕, 단명, 문둥병 환자, 아이들과 포살, 소나와 레바타, 난다, 시끄러운 젊은 바라문들과 판타카.

제6장 태어날 때부터의 장님

1. 수명을 버림

이와 같이 나는 들었다.

어느 때 세존은 베살리 교외의 마하바나 숲속에 있는 2층 건물의 강당에 머물고 계셨다.

때에 세존은 아침에 옷을 입고 가사와 발우를 손에 들고 걸식하기 위해 베살리 거리로 들어가셨다. 베살리 시내를 탁발하여 식사를 마치신 후 돌아오시자 장로 아난다에게 이르셨다.

"아난다여! 좌구를 갖추어라. 나는 낮의 휴식을 하러 챠팔라 체티야에 가고자 한다."

"그리 하겠나이다. 스승이시여!" 하고 장로 아난다는 세존께 대답한 뒤 좌구를 들고 세존의 뒤를 따라갔다.

그리하여 세존은 챠팔라 체티야에 가까이 다가가 준비해 둔 자리에 앉으셨다. 세존은 장로 아난다에게 이르셨다.

"아난다여! 베살리는 쾌적하다. 우데나 체티야는 쾌적하다.

코타마카 체티야는 쾌적하다. 사탐바 체티야는 쾌적하다. 바후 풋타 체티야는 쾌적하다. 사란다다 체티야는 쾌적하다. 챠팔라 체티야는 쾌적하다. 아난다여! 어느 누구이건 사신족(四神足)을 닦고 자주자주 수행하여 그것에 숙달해지고 익히고 닦아 몸에 지니고 더욱 열심히 습득하여 끝까지 잘 수행해 내는 자는 만일 바라기만 한다면 1겁[54] 동안 혹은 이 겁의 남은 기간만이라도 계속 살 수가 있다. 아난다여! 여래는 사신족을 닦고 자주자주 수행하여 그것에 숙달해지고 익히고 닦아 몸에 지니고 더욱 열심히 습득하여 끝까지 잘 수행하였으므로 아난다여! 만약 원하기만 한다면 1겁 동안 혹은 이 겁의 남은 기간만이라도 오래 머무를 수가 있다."

장로 아난다는 이와 같이 여래로부터 쉽게 알아챌 수 있는 방법으로 암시를 받았으며 또한 쉽게 알아챌 수 있는 뜻으로 암시를 받았지만 그 뜻을 이해하지 못하였다. 그래서 세존께 "스승이시여! 많은 사람들에게 자비를 베푸시고 많은 사람들을 안락케 하시며, 세상을 가엾이 여기시고 사람과 천상들을 이익되고 은혜롭고 안락케 하기 위해 1겁 동안 이 세상에 머물러 주소서. 선서[55]께서는 1겁 동안 이 세상에 머물러 주소서"라고 간청하지 않았다. 그처럼 그의 마음은 악마에 이끌려 버렸던 것이다.

세존은 다시 한 번 암시를 주었다. 그러나 장로 아난다는 그 뜻을 이해하지 못하여 간청하지 않았다.

그러자 세존은 세 번째로 같은 암시를 주었지만 역시 장로 아난다의 마음은 악마에게 이끌렸으므로 간청하지 않았다. 그래서 세존은 장로 아난다에게 이르셨다.

"아난다여! 가거라. 지금 해야겠다고 생각하는 일을 하라."

"그리 하겠나이다."

장로 아난다는 세존께 답하고 자리에서 일어나 세존을 오른쪽으로 돌면서 절을 하고 떠나갔다. 그리하여 그다지 멀리 떨어지지 않은 나무 아래에 앉았다.

때에 악마는 장로 아난다가 떠나가자마자 세존 계신 곳으로 와서 절을 하고 한쪽 구석에 앉았다. 한쪽 구석에 앉은 악마는 세존께 말하였다.

"스승이시여! 지금이야말로 세존께서 반열반[36]하실 때이옵니다. 선서께서는 반열반하시옵소서. 스승이시여! 세존께서는 일찍이 이렇게 말씀하셨습니다.

'사악한 자여! 나의 제자인 비구들이 보다 잘 이해하고 수행을 쌓고 자신감을 얻으며, 마음이 편안하고 고요해지며, 학식을 쌓고 법을 잘 지니며, 법에 의거한 실천의 길을 걸으며, 올바른 실천의 길을 걸으며, 법에 의거하여 수행하고, 자신의 스승의 가르침을 받아 익혀 그것을 남에게 말해 주고, 가르쳐 보여주며, 알려 주고, 확고히 알려 주고, 밝게 풀어 주고, 잘 설명하여 명백하게 해주며, 다른 사람들의 논쟁을 법으로써 다스리고, 기적으로 보여 법을 설할 때까지 나는 반열반하지 않으리라'라고.

스승이시여, 그런데 지금 세존의 제자인 비구들은 보다 잘 이해하고 수행을 쌓고 자신감을 얻었으며, 마음이 편안하고 고요하며, 학식을 쌓고 법을 잘 지니며, 법에 의거한 실천의 길을 걸으며, 올바른 실천의 길을 걸으며, 법에 의거하여 수행하고, 자신의 스승의 가르침을 받아 익혀 그것을 남에게 말해 주고, 가르쳐 보여주며, 알려 주고, 확고히 알려 주고, 밝게 풀어 주고, 잘 설명하여 명백하게 해주며, 다른 사람의 논쟁을 법으로써 다스리고, 기적을 보여 법을 설하고 있습니다.

스승이시여! 지금이야말로 세존께서 반열반하실 때이옵니다. 선서께서는 반열반하시옵소서. 스승이시여! 세존께서는 일찍이 이와 같이 말씀하셨습니다."

악마는 계속해서 비구의 경우와 마찬가지로 비구니, 우바새, 우바이에 관하여 부처님께서 말씀하신 내용을 빠짐없이 여쭈며 이렇게 말했다.

"스승이시여! 그런데 지금 세존의 제자인 비구니와 우바새, 우바이들은 보다 잘 이해하고 수행을 쌓고 자신감을 얻었으며 마음이 편안하고 고요하며, 학식을 쌓고 법을 잘 지니며, 법에 의거한 실천의 길을 걸으며, 올바른 실천의 길을 걸으며, 법에 의거하여 수행하고, 자신의 스승의 가르침을 받아 익혀 그것을 남에게 말해 주고, 가르쳐 보여주며, 알려 주고, 확고히 알려 주고, 밝게 풀어 주고, 잘 설명하여 명백하게 해주며, 다른 사람의 논쟁을 법으로써 다스리고, 기적을 보여 법을 설하고 있습니다.

스승이시여! 지금이야말로 세존께서 반열반하실 때이옵니다. 선서께서는 반열반하시옵소서. 스승이시여! 세존께서는 일찍이 이와 같이 말씀하셨습니다. '사악한 자여! 내가 가르친 이 청정한 수행의 길이 영화롭고 번창해지며, 자세하게 설해지고 많은 사람에게 알려지며, 널리 퍼져 가며 사람과 천상에 의해 드날리게 되지 않는다면 나는 반열반하지 않을 것이다'라고.

스승이시여! 그런데 바야흐로 세존께서 가르친 청정한 수행의 길은 영화롭고 번창하며 자세하게 설해지고, 많은 사람에게 알려지며, 널리 퍼져 가며 사람과 천상에 의해 드날리고 있습니다. 스승이시여! 세존께서는 이제 반열반하시옵소서. 선서께서는 이제 반열반하시옵소서. 스승이시여! 바야흐로 세존께서 반열반하실 때가 되었습니다."

악마가 이와 같이 말했을 때 세존은 악마에게 말씀하셨다.

"사악한 자여! 스스로 애태우지 말라. 여래의 반열반이 멀지 않았다. 지금부터 3개월 뒤에 여래는 반열반하게 되리라."

그리고 세존은 챠팔라 체티야에서 생기가 넘치고 또렷하며 마음이 해이해지거나 산란해지지도 않은 채 수명을 버리셨다. 그때 놀라움으로 온몸의 털이 곤두서듯이 커다란 지진이 일어났고 하늘의 북이 울려 퍼졌다.

때에 세존은 그것을 아시고 이러한 우다나를 노래하셨다.

헤아릴 수 있는 생도 있고, 헤아릴 수 없는 생도 있다. 성자(여래를 가리킴)는 수명을 버렸다.
안으로 기뻐하며 마음이 고요한 그는 갑옷을 찢듯이 스스로의 생을 찢었다.

2. 홀로 앉아 계심

이와 같이 나는 들었다.

어느 때 세존은 사밧티 동쪽 동산에 있는 미가라 어머니가 기증한 강당에 계셨다.

그때 세존은 저녁 무렵 선정에 들어 있다가 깨어 일어나 문 밖에 앉아 계셨다.

때에 코살라국의 파세나디 왕이 세존 계신 곳으로 다가왔다. 다가와서 세존께 절을 하고 한쪽 구석에 앉았다. 그때 머리를 땋은 일곱 명의 수행자와 일곱 명의 니간타 수행자(쟈이나교도), 그리고 벌거벗은 일곱 명의 수행자와 옷을 하나만 입은 일곱 명의 수행자, 그리고 겨드랑이의 털과 손톱과 체모를 길게 늘어뜨린 일곱 명의 유행자(遊行者)들이 1칼리[57]도 더 나가는 짐을 작대기에 달아 어깨에 메고 세존 근처를 지나가고 있었다.

파세나디 왕은 그들이 지나가는 모습을 보자 자리에서 일어나 웃옷을 한쪽 어깨에 걸치고 오른쪽 무릎을 땅에 대고 합장하고 절을 하며 자신의 이름을 세 번 외쳤다.

"스승들이시여! 저는 코살라국의 파세나디 왕입니다. 스승들이시여! 저는 코살라국의 파세나디 왕입니다. 스승들이시여! 저는 코살라국의 파세나디 왕입니다."

그리고 파세나디 왕은 그들이 가버리자마자 세존에게로 다시 와서 절을 하고 한쪽 구석에 앉았다. 그리고 이와 같이 세존께 여쭈었다.

"스승이시여! 저들 가운데 어떤 자가 이 세상에서의 아라한 이겠습니까? 또는 아라한에 도달하는 길에 들어선 자는 누구 이겠습니까?"

"대왕이여! 그대와 같은 재가자와 탐욕을 누리는 자, 아이들 과 함께 침상에 드는 자, 카시 산(産) 전단향을 쓰는 자, 꽃다 발이나 가루향(抹香), 바르는 향을 몸에 지니는 자, 금과 은을 즐겨 지니는 자들을 아라한이거나 혹은 아라한에 도달하는 길 에 들어선 사람이라고 판별하기란 어려운 일이다.

대왕이여! 함께 기거해 본 후에야 비로소 수행자들의 생활 방식을 알 수 있게 되는 것이다. 그것도 아주 잠깐 동안이 아 니라 오랜 기간을 주의를 기울여서야 비로소 알 수 있는 것이 니 주의를 기울이지 않으면 알지 못한다. 지혜로운 자에 의해 서 알 수 있는 것이니 지혜롭지 못한 자는 알지 못한다.

대왕이여! 함께 생활해 보아야 비로소 수행자들의 청정함을 알 수 있게 되고 함께 이야기를 나누어 보아야 비로소 수행자 의 지혜를 알게 되며, 그것도 아주 잠깐 동안이 아니라 오랜 기간 주의를 기울여서야 비로소 알 수 있는 것이고 주의를 기 울이지 않으면 알지 못한다. 지혜로운 자에 의해서 알 수 있는 것이니 지혜롭지 못한 자는 알지 못한다."

"스승이시여! 불가사의한 일이옵니다. 스승이시여! 희유한 일이옵니다. 왜냐하면 세존께서는 아주 훌륭하게 그와 같은 말 씀을 하셨기 때문입니다.

스승이시여! 그들은 저의 신하이며, 도둑이고 떠돌이로서 국내를 떠돌다 돌아온 것입니다. 그들은 저의 정탐꾼으로서 그들이 앞서 조사하고 난 뒤에 제가 다시 판단을 내리고 있습니다.

스승이시여! 그들은 지금은 먼지투성이인 몸을 씻고 깨끗하게 목욕하고 정성스레 기름을 바르고 머리와 수염을 빗은 뒤 흰 옷을 입고 다섯 가지 욕망의 대상[38]을 갖추어 그 즐거움에 빠져 있을 것입니다."

때에 세존은 그것을 아시고 이러한 우다나를 노래하셨다.

어떤 경우이건 가리지 않고 무조건 노력만을 해서는 안 된다. 다른 사람의 명령에 움직이지 말아라. 다른 사람에 의지하여 살아가지 말아라. 법을 이야기함으로써 돈벌이를 하지 말아라.

3. 있었다

이와 같이 나는 들었다.

어느 때 세존은 사밧티 교외의 제타숲 아나타핀디카 동산에 계셨다.

그때 세존은 이미 스스로 버리고 떠난 많은 악한 일과 선하지 않은 일, 그리고 삼매를 닦음으로써 만족을 얻은 많은 선한 일들을 관찰하시며 앉아 계셨다.

때에 세존은 그것을 아시고 이러한 우다나를 노래하셨다.

앞서는 있었지만 그때에는 없었다. 앞서는 없었지만 그때에는 있었다. 앞서는 없었으며 앞으로도 없을 것이고 현재에도 없다.

4. 진실

이와 같이 나는 들었다.

어느 때 세존은 사밧티 교외, 제타 숲속에 있는 아나타핀디카 동산에 계셨다.

그때 갖가지 교파의 사문, 바라문과 유행자가 걸식을 하기 위해 사밧티 거리로 들어왔는데 그들은 생각하는 것도 갖가지이고, 관찰하는 것도 갖가지이며, 인식하는 것도 갖가지이고, 온갖 근거에 따른 견해를 갖고 있었다.

어떤 사문, 바라문들은 "세계는 항상하다. 이야말로 진실하며 다른 주장은 거짓되다"라고 생각하고 있었다. 또한 다른 사문, 바라문들은 "세계는 항상하지 않다. 이야말로 진실하며 다른 주장은 거짓되다"라고 생각하고 있었다.

또한 어떤 사문, 바라문들은 "세계는 유한하다. 이야말로 진실하며 다른 주장은 거짓되다"라고 생각하며 또 다른 사문, 바라문들은 "세계는 무한하다. 이야말로 진실하며 다른 주장은 거짓되다"라고 생각하고 있었다.

또 어떤 사문, 바라문들은 "정신과 육체는 하나이다. 이야말로 진실하며 다른 주장은 거짓되다"라고 생각하며, 또 다른 사문, 바라문들은 "정신과 육체는 별개이다. 이야말로 진실하며 다른 주장은 거짓되다"라고 생각하고 있었다.

또 어떤 사문, 바라문들은 "여래(如來 ; 여기에서 여래는 붓다를 가리키는 말이 아니라 목숨 있는 것, 즉 중생의 뜻으로 해석되고 있다)는 죽은 뒤에 존재한다. 이야말로 진실하고 다른 주장은 거짓되다"라고 생각하며 또 다른 사문, 바라문들은 "여래는 죽은 뒤에 존재하지 않는다. 이야말로 진실하며 다른 주장은 거짓되다"라고 생각하고 있었다.

또 어떤 사문, 바라문들은 "여래는 죽은 뒤에 존재하며, 동시에 존재하지 않는다. 이야말로 진실하며 다른 주장은 거짓되다"라고 생각하고 또 다른 사문, 바라문들은 "여래는 죽은 뒤에 존재하지 않고 동시에 존재하지 않는 것도 아니다. 이야말로 진실하며 다른 주장은 거짓되다"라고 생각하고 있었다.

그들은 "이러한 것이 법이요, 이러한 것은 법이 아니다. 이러한 것은 법이 아니요, 이러한 것은 법이다"라고 말하며 논쟁을 벌이고 입씨름을 하며 논란을 거듭하는 가운데 서로 말의 창으로 맞서고 있는 실정이었다.

때에 많은 비구가 오전 중에 옷을 입고 가사와 발우를 들고 걸식하기 위해 사밧티에 들어왔다. 그들은 탁발을 해서 식사를 마친 후 돌아와 세존 계신 곳으로 다가갔다. 다가가서 절을 하고 곁에 앉은 비구들은 많은 외도들의 생각을 세존께 그대로 말씀드렸다.

그러자 세존께서 말씀하셨다.

"비구들이여! 외도인 유행자들은 앞을 못 보는 사람이라 눈이 없다. 그들은 참다운 뜻을 알지 못하고 그릇된 견해를 깨닫지 못하며, 올바른 이치를 알지 못하고 바르지 않은 것을 깨닫지 못한다. 그렇기 때문에 그들은 '이러한 것이 법이며, 이러한 것은 법이 아니다. 이러한 것은 법이 아니며, 이러한 것이 법이다'라고 말하며 입씨름하고 논쟁을 벌이고 논란을 거듭하여, 서로 말의 창을 겨누고 있는 실정이다.

비구들이여! 옛날, 이 사밧티에 어떤 왕이 살았는데 어느 날 신하에게 고하였다.

'여봐라! 그대는 지금 사밧티의 모든 장님들을 한곳에 모으도록 하라!' 신하는 왕의 명령을 받들어 사밧티의 모든 장님들을 모아 왕에게 데리고 나아갔다.

"폐하! 사밧티의 장님들이 모두 모였습니다."

"그러면 명령하나니 태어날 때부터 장님으로 태어난 자들에게 코끼리를 보여주도록 하라." 신하는 왕에게 답하고 나서 태어날 때부터 장님이었던 사람들에게 코끼리를 보여주며 말했다.

"맹인들이여! 코끼리란 이와 같은 것이다."

어떤 맹인들에게는 코끼리의 머리를 만지게 하며 말했다. "맹인들이여! 코끼리란 이와 같은 것이다."

어떤 맹인들에게는 코끼리의 귀를 만지게 하며 말했다. "맹인들이여! 코끼리란 이와 같은 것이다."

어떤 맹인들에게는 코끼리의 이를 만지게 하며 말했다. "맹인들이여! 코끼리란 이와 같은 것이다."

어떤 맹인들에게는 코끼리의 코를 만지게 하면서 말했다. "맹인들이여! 코끼리란 이와 같은 것이다."

어떤 맹인들에게는 코끼리 몸을 만지게 하면서 말했다. "맹인들이여! 코끼리란 이와 같은 것이다."

어떤 맹인들에게는 코끼리 다리를 만지게 하면서 말했다.

"맹인들이여! 코끼리란 이와 같은 것이다."

어떤 맹인들에게는 코끼리 배를 만지게 하면서 말했다. "맹인들이여! 코끼리란 이와 같은 것이다."

어떤 맹인들에게는 코끼리 꼬리를 만지게 하면서 말했다. "맹인들이여! 코끼리란 이와 같은 것이다."

어떤 맹인들에게는 코끼리 꼬리끝을 만지게 하면서 말했다. "맹인들이여! 코끼리란 이와 같은 것이다."

때에 비구들이여! 저 대신은 태어날 때부터 맹인인 사람들에게 코끼리를 보여준 후 왕에게 갔다.

"폐하! 맹인들에게 코끼리를 보여주었습니다. 이제 하시고자 생각하신 일을 하시옵소서."

그러자 왕은 맹인들에게 다가가서 물었다.

"맹인들이여! 그대들은 코끼리를 보았는가?"

"그러합니다. 폐하! 저희들은 코끼리를 보았습니다."

"맹인들이여! 코끼리란 어떤 것인가를 이야기해 보라."

그러자 코끼리의 머리를 더듬어 본 맹인들은 이렇게 말했다. "폐하, 코끼리는 마치 거북이처럼 생겼습니다."

코끼리의 귀를 더듬어 본 맹인들은 이렇게 말했다. "폐하, 코끼리는 마치 키(箕)처럼 생겼습니다."

코끼리의 이를 더듬어 본 맹인들은 이렇게 말했다. "폐하, 코끼리는 마치 가래(鋤)날처럼 생겼습니다."

코끼리의 코를 더듬어 본 맹인들은 이렇게 말했다. "폐하, 코끼리는 마치 가래자루처럼 생겼습니다."

코끼리의 몸을 더듬어 본 맹인들은 이렇게 말했다. "폐하,

코끼리는 마치 곡식창고처럼 생겼습니다."

코끼리의 다리를 더듬어 본 맹인들은 이렇게 말했다. "폐하, 코끼리는 마치 기둥과 같습니다."

코끼리의 꼬리를 더듬어 본 맹인들은 이렇게 말했다. "폐하, 코끼리는 마치 절굿공이처럼 생겼습니다."

코끼리의 꼬리끝을 더듬어 본 맹인들은 이렇게 말했다. "폐하, 코끼리는 마치 빗자루처럼 생겼습니다."

그들은, 코끼리는 이와 같은 것이다, 이와 같은 것이 아니다 라며 서로 입씨름하고 주먹을 휘두르며 다투었다. 그것을 보며 왕은 재미있어 했던 것이다.

비구들이여! 마치 그와 같으니 외도에 속한 유행자들은 눈이 없어 앞을 보지 못하여 참다운 뜻을 알지 못하고 그릇된 견해를 깨닫지 못하며, 올바른 이치를 알지 못하고 바르지 않은 것을 깨닫지 못한다. 그러므로 그들도 저 맹인들처럼 '이러한 것이 법이며, 이러한 것이 법이 아니다. 이러한 것은 법이 아니며, 이러한 것은 법이다'라고 입씨름하며 논전을 벌이고 논란을 거듭하는 가운데 말의 창을 서로 겨누고 있는 것이다."

때에 세존은 이것을 아시고 이러한 우다나를 노래하셨다.

어떤 사문, 바라문들은 참으로 이러한 견해에 집착한다. 사물의 일부분만을 보는 사람들은 서로 다른 견해를 주장하며 말다툼을 벌인다.

5. 외도 — 하나

이와 같이 나는 들었다.

어느 때 세존은 사밧티 교외 제타숲에 있는 아나타핀디카 동산에 계셨다.

그때 갖가지 교파에 속한 수많은 사문, 바라문들이며 유행자가 걸식하기 위해 사밧티 거리로 들어왔는데 그들은 생각하는 것도 갖가지이고 관찰하는 것도 갖가지이며, 인식하는 것도 갖가지로서 온갖 근거에 따른 견해를 갖고 있었다.

어떤 사문, 바라문들은 "나와 세계는 항상하다. 이야말로 진실하며 다른 견해는 거짓되다"라고 생각하고 있었다. 또 어떤 사문, 바라문들은 "나와 세계는 항상하지 않다. 이야말로 진실하며 다른 견해는 거짓되다"라고 생각하고 있었다.

또 어떤 사문, 바라문들은 "나와 세계는 항상하며 동시에 항상하지 않다"라고 생각하고 있고, 또 다른 사문, 바라문들은 "나와 세계는 항상하지 않고 동시에 항상하지 않은 것도 아니다"라고 생각하고 있었다.

또 어떤 사문, 바라문들은 "나와 세계는 그 스스로 이루어진 것이다"라고 생각하고 있었다. 또 다른 사문, 바라문들은 "나와 세계는 다른 것에 의해 지어진 것이다"라고 생각하고 있었다.

또 어떤 사문, 바라문들은 "나와 세계는 스스로 이루어지기도 했고 동시에 다른 것에 의해 지어지기도 한 것이다"라고 생각하고 있었다. 또 다른 사문, 바라문들은 "나와 세계는 스스로 이루어진 것도 아니고 다른 것에 의해 만들어진 것도 아니며 원인 없이 생겨난 것이다"라고 생각하고 있었다.

또 어떤 사문, 바라문들은 "괴로움과 즐거움은 항상하다. 나와 세계도 항상하다"라고 생각하고 있었다. 또 다른 사문, 바라문들은 "괴로움과 즐거움은 항상하지 않다. 나와 세계도 항상하지 않다"라고 생각하고 있었다.

또 어떤 사문, 바라문들은 "괴로움과 즐거움은 항상하는 동시에 항상하지 않다. 나와 세계도 항상하는 동시에 항상하지 않다"라고 생각하고 있었다. 또 다른 사문, 바라문들은 "괴로움과 즐거움은 항상하지 않으며 동시에 항상하지 않는 것도 아니다. 나와 세계도 항상하지 않으며 동시에 항상하지 않는 것도 아니다"라고 생각하고 있었다.

또 어떤 사문, 바라문들은 "괴로움과 즐거움은 스스로 이루어진 것이다. 나와 세계도 스스로 이루어진 것이다"라고 생각하고 있었다. 또 다른 사문, 바라문들은 "괴로움과 즐거움은 다른 것에 의해 만들어진 것이다. 나와 세계도 다른 것에 의해 만들어진 것이다"라고 생각하고 있었다.

또 어떤 사문, 바라문들은 "괴로움과 즐거움은 스스로 이루어진 것이며 동시에 다른 것에 의해 만들어진 것이다. 나와 세계도 스스로 이루어진 것이며 동시에 다른 것에 의해서 만들어진 것이다. 이야말로 진실하며 다른 것은 거짓되다"라고 생각하고 있었다. 또 다른 사문, 바라문들은 "괴로움과 즐거움은 스스로 이루어진 것도 아니고 다른 것에 의해서 만들어진 것도 아니며 원인 없이 생겨난 것이다. 나와 세계도 스스로 이루어진 것도 아니고 다른 것에 의해서 이루어진 것도 아니며 원인 없이 생겨난 것이다. 이야말로 진실하며 다른 것은 거짓되다"라고 생각하고 있었다.

그들은 "이러한 것이 법이며 이러한 것은 법이 아니다. 이러한 것은 법이 아니며 이러한 것이 법이다"라고 입씨름하며 논전을 벌이고 논쟁을 거듭하면서 서로 말의 창을 겨누고 맞서 있었던 것이다.

그때 수많은 비구들이 오전 중에 옷을 입고 가사와 발우를 들고 걸식하기 위해 사밧티로 들어갔다. 비구들은 탁발을 마치고 식사를 끝낸 후 돌아와 세존 계신 곳으로 다가갔다. 비구들은 절을 하고 나서 물러나 앉아 세존께 사밧티 거리의 많은 외도들의 주장과 논쟁을 말씀드렸다.

그러자 세존께서 말씀하셨다.

"비구들이여! 외도인 유행자들은 눈이 없어 앞을 보지 못하여 참다운 뜻을 알지 못하고 그릇된 견해를 깨닫지 못하며, 올바른 이치를 알지 못하고 바르지 않은 것을 깨닫지 못한다. 그러므로 그들은 '이러한 것이 법이며, 이러한 것은 법이 아니다. 이러한 것은 법이 아니며, 이러한 것이 법이다'라고 입씨름하며 논전을 벌이고 논쟁을 거듭하면서 서로 말의 창을 겨누고 있었던 것이다."

때에 세존은 그것을 아시고 이러한 우다나를 노래하셨다.

어떤 사문, 바라문들은 참으로 이러한 생각에 집착한다. 그들은 확고한 발판에 닿지 못하여 중간에 빠져 버린다.

6. 외도—둘

이와 같이 나는 들었다.

어느 때 세존은 사밧티 교외의 제타숲 아나타핀디카 동산에 계셨다.

그때 갖가지 교파에 속하는 사문, 바라문과 유행자가 걸식하기 위해 사밧티 거리로 들어왔는데 그들은 생각하는 것도 갖가지이고 관찰하는 것도 갖가지이며, 인식하는 것도 갖가지로서 온갖 근거에 따른 견해를 갖고 있었다. 그때 수많은 비구들이 오전 중에 옷을 입고 가사와 발우를 들고 걸식하기 위해 사밧티로 들어왔다. 걸식을 마치고 식사를 끝낸 후 비구들은 돌아가서 세존 계신 곳으로 나아갔다. 그들은 세존께 절을 하고 한쪽에 앉아 이렇게 여쭈었다.

"스승이시여! 지금 갖가지 교파에 속한 수많은 사문, 바라문과 유행자들이 사밧티에 머물러 있습니다. 그들은 생각도 갖가지이며, 관찰하는 것도 갖가지이고, 인식하는 것도 갖가지이고 온갖 근거에 따른 견해를 갖고 있습니다.

어떤 사문, 바라문들은 '나와 세계는 항상하다. 이것만이 진실하며 다른 견해는 거짓되다'라고 생각하고 있습니다. 또 다른 사문, 바라문들은 '나와 세계는 항상하지 않다. 이것만이 진실하며 다른 견해는 거짓되다'라고 생각하고 있습니다.

또 어떤 사문, 바라문들은 '나와 세계는 항상하며 동시에 항

상하지 않다. 이것만이 진실하며 다른 견해는 거짓되다'라고
생각하고 있습니다. 또 다른 사문, 바라문들은 '나와 세계는 항
상하지 않으며 동시에 항상하지 않는 것도 아니다. 이것만이
진실하며 다른 견해는 거짓되다'라고 생각하고 있습니다.

또 어떤 사문, 바라문들은 '나와 세계는 스스로 이루어진 것
이다. 이것만이 진실하며 다른 견해는 거짓되다'라고 생각하고
있습니다. 또 다른 사문, 바라문들은 '나와 세계는 다른 것에
의해서 만들어진 것이다. 이것만이 진실하며 다른 견해는 거짓
되다'라고 생각하고 있습니다.

또 어떤 사문, 바라문들은 '나와 세계는 스스로 이루어진 것
이며 동시에 다른 것에 의해서 만들어진 것이다. 이것만이 진
실하며 다른 견해는 거짓되다'라고 생각하고 있습니다. 또 다
른 사문, 바라문들은 '나와 세계는 스스로 이루어진 것도 아니
고 다른 것에 의해서 만들어진 것도 아니며 원 인없이 생겨난
것이다. 이것만이 진실하며 다른 견해는 거짓되다'라고 생각하
고 있습니다.

또 어떤 사문, 바라문들은 '괴로움과 즐거움은 항상하다. 나
와 세계도 항상하다. 이것만이 진실하며 다른 견해는 거짓되
다'라고 생각하고 있습니다. 또 다른 사문, 바라문들은 '괴로움
과 즐거움은 항상하지 않다. 나와 세계도 항상하지 않다. 이것
만이 진실하며 다른 견해는 거짓되다'라고 생각하고 있습니다.

또 어떤 사문, 바라문들은 '괴로움과 즐거움은 항상하며 동
시에 항상하지 않다. 나와 세계도 항상하며 동시에 항상하지
않다. 이것만이 진실하며 다른 견해는 거짓되다'라고 생각하고

있습니다. 또 다른 사문, 바라문들은 '괴로움과 즐거움은 항상
하지 않으며 동시에 항상하지 않는 것도 아니다. 나와 세계도
항상하지 않으며 동시에 항상하지 않는 것도 아니다. 이것만이
진실하며 다른 견해는 거짓되다'라고 생각하고 있습니다.

또 어떤 사문, 바라문들은 '괴로움과 즐거움은 스스로 이루
어진 것이다. 나와 세계도 스스로 이루어진 것이다. 이것만이
진실하며 다른 견해는 거짓되다'라고 생각하고 있습니다. 또
다른 사문, 바라문들은 '괴로움과 즐거움은 다른 것에 의해 만
들어진 것이다. 나와 세계도 다른 것에 의해 만들어진 것이다.
이것만이 진실하며, 다른 견해는 거짓되다'라고 생각하고 있습
니다.

또한 어떤 사문, 바라문들은 '괴로움과 즐거움은 스스로 이
루어진 것이며 동시에 다른 것에 의해 만들어진 것이다. 나와
세계도 스스로 이루어진 것이며 동시에 다른 것에 의해 만들
어진 것이다. 이것만이 진실하며 다른 견해는 거짓되다'라고
생각하고 있습니다. 또 다른 사문, 바라문들은 '괴로움과 즐거
움은 스스로 이루어진 것도 아니고 동시에 다른 것에 의해 만
들어진 것도 아니며 원인 없이 생겨난 것이다. 나와 세계도 스
스로 이루어진 것도 아니고 동시에 다른 것에 의해 만들어진
것도 아니며 원인 없이 생겨난 것이다. 이것만이 진실하며 다
른 견해는 거짓되다'라고 생각하고 있습니다.

그들은 '이러한 것이 법이며 이러한 것은 법이 아니다. 이러
한 것은 법이 아니며 이러한 것이 법이다'라고 입씨름을 하고
논전을 벌이며 논쟁을 거듭하면서 서로 말의 창을 겨누고 있

는 중입니다."

세존께서 말씀하셨다.

"비구들이여! 외도에 속하는 유행자들은 눈이 없어 앞을 보지 못한다. 참다운 뜻을 알지 못하고 그릇된 견해를 깨닫지 못하며, 올바른 이치를 알지 못하고 바르지 않은 것을 깨닫지 못한다. 그러므로 그들은 '이러한 것이 법이며 이러한 것은 법이 아니다. 이러한 것은 법이 아니며 이러한 것이 법이다'라고 입씨름하면서 서로 말의 창을 겨누고 있는 것이다."

때에 세존은 그것을 아시고 이러한 우다나를 노래하셨다.

이 사람들은 '나'라고 하는 생각에 사로잡혀 '남(他)'이라고 하는 관념에 끄달리고 있다. 어떤 사람들은 그것을 잘 알지 못하여 그것이 각자를 다치게 하는 화살임을 깨닫지 못하였다. 주의깊게 이것을 화살이라 깨달은 사람에게는 '내가 한다'라는 생각은 없다. 그에게는 '타인이 한다'라는 생각도 없다. 깨닫지 못한 사람들은 교만에 이끌리고 사로잡히고 묶여 그릇된 견해에 헛되이 애쓸 뿐, 윤회를 뛰어넘지 못한다.

7. 수부티는 말했다

이와 같이 나는 들었다.

어느 때 세존은 사밧티 교외의 제타숲 아나타핀디카 동산에 계셨다.

그때 장로 수부티는 세존 계신 곳에서 그다지 멀리 떨어지지 않은 곳에서 가부좌를 맺고 상체를 꼿꼿하게 세우고 외부에 마음이 흔들리지 않는 삼매에 들어 있었다.

때에 세존은 그것을 아시고 이러한 우다나를 노래하셨다.

외부에 대해 마음이 흔들리지 않으며 마음의 내적인 움직임도 모두 잘 정돈되어 집착을 뛰어넘고 형체 있는 것을 마음에 그리지 않으며, 네 가지 구속[50]을 넘어서 가는 자는 미혹한 생을 향하지 않는다.

8. 유녀

이와 같이 나는 들었다.

어느 때 세존은 라쟈가하의 대나무숲에 있는 칼란다카 니바파 동산에 머무셨다.

그때 라쟈가하에는 두 무리가 살고 있었는데 어떤 한 유녀(창녀)에게 서로 빠져 사모하며 지냈다. 그들은 그 여자를 차지하려 서로 말다툼을 벌이다 주먹이 오가게 되었고 흙덩이를 던지고 작대기와 칼로 싸움을 벌이게 되었다. 그들은 그곳에서 죽거나 혹은 거의 죽을 정도로 심한 고통을 겪으며 지냈다.

때에 많은 비구들이 오전 중에 옷을 입고 가사와 발우를 손에 들고 라쟈가하로 탁발하러 들어갔다. 그들은 탁발을 마치고 식사를 끝낸 후 돌아와 세존께 나아갔다. 그리고 절을 하고 한쪽으로 물러나 앉은 비구들은 라쟈가하에서 두 무리의 사람들이 유녀 때문에 다투는 것을 세존께 말씀드렸다.

때에 세존은 그것을 아시고 이러한 우다나를 노래하셨다.

이미 얻어진 것도, 결국 얻게 될 것도 둘 다 티끌에 더럽혀져 있다. 따라서 배워야 할 것이 있는 사람으로서 지쳐 있는데도 지나치게 엄격한 수행을 하는 사람들, 계를 굳게 지키는 생활방식, 금욕생활, 가장 엄격하게 봉사를 행하는 사람들, 이들은 첫번째의 극단이다. 애욕 가운데에는 허물이 없다고 설하는 사람들, 이들은 두 번째 극단이다. 이 양극단은 갈애(渴愛)와 어리석음이라 이름하는 무덤의 증광(增廣)이다. 그 무덤이 이 두 가지 악한 생각을 더욱 커져가게 한다. 어떤 사람들은 잘 알지 못하면서 그 양극단에 집착하고, 어떤 사람들은 그것과 접촉하지도 않고 스쳐 지난다. 그것들을 잘 알아 그것에 집착하지 않는 사람들, 그것에 기대를 걸지 않는 사람들에게는 경계해 줄 윤회는 없다.

9. 휘말림

이와 같이 나는 들었다.

어느 때 세존은 사밧티 교외의 제타숲 아나타핀디카 동산에 머무셨다.

그때 세존은 칠흑같이 어두운 가운데 호마기름 등불이 타오르고 있는 곳에 앉아 계셨다.

그때 수많은 나방이 타오르는 등불 속으로 날아 들어 죽음을 맞았다. 그들은 스스로 불행해졌으며 다시없는 재난을 맞아들인 것이다. 세존은 많은 나방이 타오르는 등불 속으로 날아 들어 죽음을 당하며 스스로 불행과 재난을 맞아들이는 모습을 보시었다.

때에 세존은 그것을 아시고 이러한 우다나를 노래하셨다.

사람들은 대상에 허둥대며 휘말리지만 그 본질에는 이르지 못한다. 차츰 새로운 속박을 가중시킬 뿐. 등불에 떨어지는 나방처럼 보는 것과 듣는 것에 덤벼드는 방법으로 사람들은 대상에 집착한다.

10. 여래가 나투시다

이와 같이 나는 들었다.

어느 때 세존은 사밧티 교외의 제타숲 아나타핀디카 동산에 머무셨다.

때에 장로 아난다는 세존 계신 곳으로 다가와 세존께 절을 하고 한쪽에 앉았다.

장로 아난다는 세존께 여쭈었다.

"스승이시여! 모든 여래·아라한·옳게 깨달으신 분이 세상에 나투지 않으시는 동안은 외도인 유행자들이 존경을 받고 공양 공경을 받으며, 옷이나 음식, 약품과 침구 등의 공양을 받으며 지내었습니다.

하지만 스승이시여! 모든 여래·아라한·옳게 깨달으신 분이 세상에 나심으로써 외도인 유행자들은 더 이상 존경을 받지 않게 되었고 음식 등의 공양도 받지 못하게 되었습니다.

스승이시여! 이제 세존은 존경받으시고 공양 공경받으시며, 음식이나 옷, 약품과 침구 등의 공양을 받고 계십니다. 그리고 비구승단도 또한 그러합니다."

"아난다여! 그러하다. 모든 여래·아라한·옳게 깨달은 이가 세상에 나지 않는 동안에는 외도 유행자가 세상의 존경과 공양을 받았다.

그러나 아난다여! 모든 여래·아라한·옳게 깨달은 이가 세상에 나옴으로써 외도 유행자는 더 이상 세상의 존경과 공양을 받을 수 없게 되었다.

아난다여! 이제 여래는 존경받고 공양 공경받으며, 옷과 음식, 약품과 침구 등의 공양을 받고 있다. 그리고 비구승단 또한 그러하다."

때에 세존은 그것을 아시고 이러한 우다나를 노래하셨다.

태양이 떠오르지 않는 동안 반딧불이 빛을 내었다. 해가 떠오르면 그 빛은 점차 사라져 이윽고 빛나지 않게 된다. 외도의 빛 또한 그러하다. 올바르게 깨달은 이들이 세상에 나타나지 않는 한 어리석은 자들도, 제자들도 깨끗하지 않다. 사악한 생각을 하는 자들은 괴로움으로부터 벗어나지 못한다.

제6장 태어날 때부터의 장님
여기에 결말을 짓는 구절이 있다.

수명을 버림, 홀로 앉아 계심. 있었다, 진실, 그리고 두 가지의 외도. 수부티는 말했다가 일곱 번째, 유녀, 휘말림이 아홉 번째, 그리고 여래가 나투시다. 이것이 열 가지.

제7장 짧은 이야기

1. 밧티야 ― 하나

이와 같이 나는 들었다.

어느 때 세존은 사밧티 교외의 제타숲 가운데 아나타핀디카 동산에 머물고 계셨다.

그때 장로 사리풋타는 여러 방법으로 법을 말함으로써 장로 라쿤타카밧티야를 가르치고 권하며 격려하고 기쁨을 주었다. 그리하여 장로 라쿤타카밧티야의 마음은 집착이 없어지고 갖은 번뇌에서 풀려 나왔다.

세존은 장로 사리풋타에게 여러 방법으로 법을 들어 가르침을 받고 격려를 받았으며 기쁨을 얻어 그 마음에서 집착이 없어지고 갖은 번뇌로부터 풀려 나온 장로 라쿤타카밧티야를 보시었다.

때에 세존은 그것을 아시고 이러한 우다나를 노래하셨다.

위로도 아래로도, 어디에서도 능히 해탈한 사람은 '이것은 나다'라고 보는 일이 없다. 이와 같이 해탈한 사람은 두 번 다시 미혹한 삶을 받지 않게 되어 마침내 건너본 적이 없는 번뇌의 큰 강을 뛰어넘는다.

2. 밧티야—둘

이와 같이 나는 들었다.

어느 때 세존은 사밧티 교외의 제타숲에 있는 아나타핀디카 동산에 머물러 계셨다.

때에 장로 사리풋타는 장로 라쿤타카밧티야가 아라한에 이르기까지는 배워야 할 것이 아직 있다고 생각하고 여러 가지 방법으로 법을 말해 주어 가르치고 권하고 격려해서 기쁨을 주었다.

세존은 장로 사리풋타가 장로 라쿤타카밧티야를 가르치는 모습을 보시었다.

때에 세존은 그것을 아시고 이러한 우다나를 노래하셨다.

그는 윤회를 끊었다. 탐욕이 없는 곳으로 갔다. 가뭄에 탄 강은 흐르지 않는다. 끊어진 윤회는 계속 되풀이되지 않는다. 이것이 바로 괴로움의 끝이다.

3. 애욕에 집착한 사람들—하나

이와 같이 나는 들었다.

어느 때 세존은 사밧티 교외의 제타숲 아나타핀디카 동산에 머물러 계셨다.

그때 사밧티에는 많은 사람들이 지나치게 애욕에 집착하여 즐기고 탐내며 그것에 얽매여 제정신을 잃었고, 애착하고 취한 상태로 지내고 있었다.

때에 많은 비구들이 오전 중에 옷을 입고 가사와 발우를 들고 걸식하기 위해 사밧티로 들어갔다. 걸식을 마친 후 식사를 끝낸 비구들은 돌아와 세존 계신 곳으로 나아갔다.

세존께 절을 하고 한쪽으로 물러나 앉은 비구들은 세존께 사밧티 사람들이 애욕에 얽매여 살아가는 모습을 말씀드렸다.

때에 세존은 그것을 아시고 이러한 우다나를 노래하셨다.

갖가지 애욕에 집착하고 탐착한 사람들은, 사람의 마음을 다섯 가지 감각기관의 대상에 얽어맨 번뇌에 허물이 있음을 깨닫지 못한다. 그러한 번뇌에 애착하고 있는 사람들은 결코 넓고 큰 물줄기를 건널 수 없기 때문이다.

4. 애욕에 집착한 사람들 — 둘

이와 같이 나는 들었다.

어느 때 세존은 사밧티 교외의 제타숲 아나타핀디카 동산에 머물러 계셨다.

그때 사밧티에서는 많은 사람들이 지나치게 애욕에 집착하여 즐기고 탐내며, 그것에 얽매여 제정신을 잃었고, 애착하고 취한 상태로 지내고 있었다.

때에 세존은 오전에 옷을 입고 가사와 발우를 들고 걸식하기 위해 사밧티로 들어가셨다. 세존은 거리에서 많은 사람들이 애욕에 빠져 정신을 잃고 지내는 모습을 보시게 되었다.

때에 세존은 그것을 아시고 이러한 우다나를 노래하셨다.

애욕에 눈먼 이, 그물에 씌운 이, 애욕의 덮개에 덮인 이, 사물을 소홀히 하는 마음에 얽매인 이들은 그물과 마주친 물고기처럼 도망가기란 어려워 늙음과 죽음으로 나아간다. 마치 젖을 먹으러 송아지가 어미소에게 나아가듯이.

5. 라쿤타카

이와 같이 나는 들었다.

어느 때 세존은 사밧티 교외의 제타숲 아나타핀디카 동산에 머물고 계셨다.

그때 장로 라쿤타카밧티야는 많은 비구들을 따라 세존 계신 곳으로 다가갔다.

세존은 비구들에게 조롱을 받을 정도로 못생기고 난장이인 장로 라쿤타카밧티야가 많은 비구들의 뒤를 따라 멀리서 오는 모습을 보시게 되었다. 세존은 그 모습을 보시고 비구들에게 말씀하셨다.

"비구들이여! 너희들은 난장이이고 못생긴 비구가 멀리서 오고 있는 모습이 보이느냐?"

"스승이시여! 보입니다."

"비구들이여! 저 비구에게는 위대한 신통력이 있다. 삼매의 경지 가운데 저 비구가 여태껏 한번도 체험한 적이 없을 정도의 삼매가 있다면 그것은 결코 얻기 쉬운 것이 아니다. 선남자가 올바르게 집을 떠나 집 없는 생활에 들어간 목적인 다시없이 청정한 수행의 궁극을 그는 지금 몸소 환히 알며 친히 체험하여 그것을 얻었으며, 그 경지에 머물러 있다."

때에 세존은 그것을 아시고 이러한 우다나를 노래하셨다.

어떤 부분도 불완전한 데가 없이 하얀 차양으로 씌워졌고 바퀴살이 하나뿐인 바퀴를 가진 수레가 움직인다. 그와 같이 흐름을 끊고 속박하는 것 없는 사람이 편안하게 걸어오는 모습을 보라.

6. 갈애(渴愛)를 멸함

이와 같이 나는 들었다.

어느 때 세존은 사밧티 교외의 제타숲에 있는 아나타핀디카 동산에 머물러 계셨다.

그때 장로 안냐콘단냐는 세존으로부터 그다지 멀리 떨어지지 않은 곳에서 결가부좌를 하고 윗몸을 꼿꼿하게 펴고 갈애가 모두 멸한 해탈의 경지를 스스로 관찰하고 있었다.

세존은 장로 안냐콘단냐의 모습을 보시자 이러한 우다나를 노래하셨다.

저 사람에게는 땅으로 잡아끄는 뿌리도 없고 잎도 없다. 어찌 얽힌 덩굴이 있겠는가? 속박에서 풀려난 저 현자를 누가 능히 비난할 수 있겠는가? 천인들도 그를 찬양한다. 범천[60]에게도 찬양받으리라.

7. 망상을 멸함

이와 같이 나는 들었다.

어느 때 세존은 사밧티 교외의 제타숲 아나타핀디카 동산에 계셨다.

그때 세존은 친히 망상에 대한 기억과 생각을 멸하는 것에 대하여 관찰하면서 앉아 계셨다.

때에 세존은 친히 망상에 대한 기억과 생각이 멸한 것을 아시고 이러한 우다나를 노래하셨다.

그 사람에게는 망상이 머무르지 않으니 그는 속박과 장애를 넘어 있다. 갈애가 없이 행동하는 저 성자를, 천계를 포함한 이 세계 누구라도 경멸하지 않으며 비난하지 못한다.

8. 캇챠나

이와 같이 나는 들었다.

어느 때 세존은 사밧티 교외의 제타숲에 있는 아나타핀디카 동산에 머물고 계셨다.

그때 장로 마하캇챠나는 세존으로부터 그다지 멀리 떨어지

지 않은 곳에서 결가부좌를 하고 상체를 꼿꼿하게 편 채 몸에
대한 올바른 상념을 마음속에 일으켜서 그것을 바라보며 앉아
있었다.

　세존은 장로 마하캇챠나가 그다지 멀리 떨어지지 않은 곳에
서 그와 같이 앉아 있는 모습을 보시게 되었다.

　때에 세존은 그것을 보시고 이러한 우다나를 노래하셨다.

　　몸은 여기에 있는 것이 아니고, 내 몸이라고도 할 수 없다. 또한
　몸은 지금부터 없을 것이고, 내 몸 또한 지금부터 없을 것이다.
　바로 이렇게 어떤 사람의 내부에서 움직이는 몸에 대한 바른 생각
　이 언제나 한곳에 머물러 있다면 그는 차례로 나아가는 삼매의 경
　지에 들며, 때가 되면 몸에 대한 집착을 뛰어넘으리라.

9. 우물

　이와 같이 나는 들었다.

　어느 때 세존은 수많은 비구승단과 함께 말라에 있는 투나
라고 이름하는 바라문 마을에 들어가셨다. 투나 마을의 바라문
과 거사(居士 ; 마을의 세력 있는 사람)들은 샤캬족의 출가자인
고타마가 수많은 비구승단을 거느리고 말라에 있는 투나 마을
까지 들어왔다고 전해 들었다. 그들은 '머리를 빡빡 깎은 사문
들에게 물을 줄 수는 없다'고 말하며 우물에 풀과 쓰레기를 가
득 채워넣었다.

　때에 세존은 거리에서 벗어나 어느 나무 아래에 다가가셨다.
그리하여 미리 준비해 놓은 자리에 앉아 세존은 장로 아난다

에게 말씀하셨다.

"자, 아난다여! 저 우물물을 길어서 내게 가져오너라."

그러자 장로 아난다는 세존께 말씀드렸다.

"스승이시여! 지금 투나 마을의 바라문과 거사들은 머리깎은 사문들에게 물을 주기 싫어 우물을 매립했습니다."

세존은 장로 아난다에게 다시 한 번 물을 청하였다. 하지만 장로 아난다는 역시 같은 대답을 하였다.

다시 한 번 세존은 장로 아난다에게 말씀하셨다.

"아난다여! 저 우물물을 길어서 내게 가져오너라."

"그리 하겠나이다, 스승이시여!"

장로 아난다는 부처님의 말씀에 따라 발우를 꺼내 들고 우물 있는 곳으로 나아갔다.

그런데 우물은 장로 아난다가 다가가자 풀과 쓰레기를 모조리 뱉어 내더니, 우물 속에서는 드맑고 티끌 하나 없이 깨끗한 물이 가득 채워져 넘쳐흐르고 있었다.

때에 장로 아난다는 생각하였다.

여래에게 위대한 신통력이 있으니 이 얼마나 불가사의하고 희유한 일인가! 풀과 쓰레기를 모두 뱉어 내더니 드맑고 티끌 하나 없이 깨끗한 물이 가득 채워져 넘쳐흐르고 있다.

그는 발우에 물을 가득 채워서 세존 계신 곳으로 돌아왔다.

장로 아난다는 세존께 말씀드렸다.

"스승이시여! 여래에게는 위대한 신통력이 있으니 참으로 불가사의하고 희유합니다. 풀과 쓰레기를 우물 밖으로 뱉어 내더니 드맑고 티끌 하나 없이 깨끗한 물이 넘쳐흐르고 있던 것입니다. 세존이시여! 이 물을 마시소서. 선서시여! 어서 이 물을 마시소서."

때에 세존은 그것을 아시고 이러한 우다나를 노래하셨다.

만약 물이 언제라도 있다면 우물이 무슨 소용 있을까? 갈애를 뿌리째 끊어낸 이상 다시 무엇을 구하러 길떠날 것인가.

10. 우데나

이와 같이 나는 들었다.

어느 때 세존은 코삼비의 고시타 동산에 머무르고 계셨다.

그때 우데나 왕이 정원에 나와 있는 사이에 내전이 불타 사마바티를 비롯한 5백 명의 여인이 숨졌다.

때에 많은 비구들이 오전 중에 옷을 입고 가사와 발우를 손에 들고 걸식하기 위해 코삼비로 들어갔다. 탁발을 마치고 식사를 끝낸 비구들은 탁발에서 돌아와 세존께 다가가서 절을 하고 한쪽 옆에 물러나 앉았다. 비구들은 세존께 내전의 화재에 관해 말씀드리면서 이렇게 여쭈었다.

"스승이시여! 그 우바이들은 내세에 어떠한 경지에 태어나겠습니까?"

"비구들이여! 이 세상에서 예류에 도달한 우바이도 있고, 일래에 도달한 이도 있으며, 불환이었던 우바이도 있다. 비구들이여! 저 우바이들은 모두 과보가 없는 것이 아니다."

때에 세존은 그것을 아시고 이러한 우다나를 노래하셨다.

어리석음에 묶여 있는 이 세계는 존재의 형체를 갖고 있는 듯이 보인다. 집착에 묶여 있는 어리석은 자는 어두움에 갇혀 있어 그것을 항상한 것이라고 생각하지만 올바르게 깨달은 자에게는 어떠한 것도 있지 않다.

제7장 짧은 이야기
여기에 결말을 맺는 구절이 있다.

밧티야에 관해서 두 가지와, 애욕에 집착한 사람들 두 가지. 라쿤타카, 갈애를 멸함. 그리고 망상을 멸함. 캇챠나. 그리고 우물과 우데나.

제8장 파탈리 마을 사람들

1. 열반 — 하나

이와 같이 나는 들었다.

어느 때 세존은 사밧티 교외의 제타숲 가운데 아나타핀디카 동산에 머물고 계셨다.

그때 세존은 열반에 관한 가르침으로 비구들을 깨우치고 권하시며, 격려하시고 기쁨을 주셨다. 비구들은 잘 이해하고 골똘히 생각하며, 말씀하신 모든 것을 거듭 되새기면서 귀기울여 법을 듣고 있었다.

때에 세존은 그것을 아시고 이러한 우다나를 노래하셨다.

비구들이여! 이러한 곳이 있다. 그곳에는 흙도 없고 물도 없으며 불도 없고 바람도 없다. 그곳은 허공으로 가득 찬 곳(空無邊處)[61]도 아니고, 식별이 가득 찬 곳(識無邊處)(주61 참조)도 아니며, 어떤 것도 아닌 곳(無所有處)(주61 참조)도 아니며, 상(想)도 아니고 상이 아닌 것도 아닌 곳(非想非非想處)(주61 참조)도 아니다. 이 세상도 아니고 저 세상도 아니며, 해와 달도 없다. 비구들이여! 그곳에 온다고도 말할 수 없고 그곳으로 간다고도 말할 수 없으며 그곳에 머문다고도, 그곳에서 죽는다고도, 그곳에 태어난다고도 말할 수 없다. 그것은 무엇에 의하여 있는 것도 아니며, 무엇으로부터 생겨난 것도 아니며, 무엇에 의지해 있는 것도 아니다. 그것은 다름 아닌 세상의 끝이다.

2. 열반 — 둘

이와 같이 나는 들었다.

어느 때 세존은 사밧티 교외의 제타숲에 있는 아나타핀디카 동산에 머물러 계셨다.

그때 세존은 열반에 관한 가르침으로 비구들을 깨우치고 권하시며, 격려하시고 기쁨을 주셨다. 비구들은 잘 이해하고 골똘히 생각하며 말씀하신 모든 것을 거듭 되새기면서 귀기울여 법을 듣고 있었다.

때에 세존은 그것을 아시고 이러한 우다나를 노래하셨다.

열반은 참으로 보기 어렵다. 진리는 결코 쉽게 보이지 않는다.
지혜로운 이는 갈애를 환히 알며, 보는 자는 어떠한 것도 소유하지 않는다.

3. 열반 — 셋

이와 같이 나는 들었다.

어느 때 세존은 사밧티 교외에 있는 제타숲 아나타핀디카 동산에 머물러 계셨다.

그때 세존은 열반에 관한 가르침으로 비구들을 깨우치고 권하시며 격려하시고 기쁨을 주셨다. 비구들은 잘 이해하고 골똘히 생각하며 말씀하신 모든 것을 거듭 되새기면서 귀기울여 법을 듣고 있었다.

때에 세존은 그것을 아시고 이러한 우다나를 노래하셨다.

비구들이여! 생겨난 것이 아닌 것, 이루어진 것이 아닌 것, 만들어진 것이 아닌 것, 합성된 것이 아닌 것이 있다. 비구들이여! 만약 생겨난 것이 아닌 것, 이루어진 것이 아닌 것 그리고 만들어진 것이 아닌 것과 합성된 것이 아닌 것이 없다면 그곳에는 생겨난 것과 이루어진 것, 만들어진 것, 합성된 것을 싫어하여 떠나는 일은 알 수 없을 것이다. 비구들이여! 생겨난 것이 아닌 것, 이루어진 것이 아닌 것 그리고 만들어진 것이 아닌 것과 합성된 것이 아닌 것이 있기 때문에 생겨난 것, 이루어진 것, 만들어진 것 그리고 합성된 것을 싫어하여 떠나는 일을 알 수 있는 것이다.

4. 열반 — 넷

이와 같이 나는 들었다.

어느 때 세존은 사밧티 교외에 있는 제타숲 아나타핀디카 동산에 머물고 계셨다.

그때 세존은 열반에 관한 가르침으로 비구들을 깨우치고 권하시며, 격려하시고 기쁨을 주셨다. 비구들은 잘 이해하고 골똘히 생각하며 말씀하신 모든 것을 거듭 되새기면서 귀기울여 법을 듣고 있었다.

때에 세존은 그것을 아시고 이러한 우다나를 노래하셨다.

무엇인가에 기대어 있는 자는 흔들림이 있다. 아무것에도 기대어 있지 않은 자에게 흔들림은 없다. 흔들림이 없으면 고요히 쉬게 된다. 고요히 쉬게 되면 쾌락을 누리지 않는다. 쾌락을 누리지 않으면 오는 일도, 가는 일도 없다. 오는 일과 가는 일이 없으면 이 세상에 있지도 않고 저 세상에 있지도 않으며 그 사이에 있지도 않게 된다. 이것이 다름 아닌 괴로움의 끝이다.

5. 춘다

이와 같이 나는 들었다.

어느 때 세존은 많은 비구승단과 함께 말라 사람들 사이를 유행하시다가 파두 방향으로 길을 잡으셨다. 그리하여 세존은 파두의 대장장이 아들인 춘다의 망고숲에 머무셨다. 세존께서 많은 비구승단과 함께 자신의 망고숲에 머물고 계시다는 소식을 전해 들은 춘다는 세존 계신 곳으로 갔다. 절을 하고 한쪽으로 물러나 앉은 춘다에게 세존은 법을 말씀하시어 가르치고 권하고 격려하시며 기쁨을 주셨다.

그러자 춘다는 세존께 아뢰었다.

"스승이시여! 비구승단과 함께 내일 제가 올리는 공양을 받아 주소서."

세존은 침묵으로써 청을 수락하셨다. 그러자 대장장이 아들 춘다는 세존께 절을 하고 오른쪽으로 돌고 나서 떠나갔다.

밤깊도록 춘다는 자신의 집에서 갖가지 훌륭한 음식과 많은 수칼라맛다바(부드러운 돼지고기라고도 하고, 땅에서 나는 부드러운 죽순이나 일종의 녹용이라고도 한다)를 준비한 후 날이 밝자 세존께 알려드렸다.

"스승이시여! 때가 되었습니다. 공양준비가 끝났습니다."

그러자 세존은 아침에 옷을 입고 가사와 발우를 들고 비구승단과 함께 대장장이 아들 춘다의 집으로 가셨다.

집에 도착하셔서 준비된 자리에 앉으신 세존은 춘다에게 말씀하셨다.

"춘다여! 그대가 준비한 수칼라맛다바는 내게 주고 다른 음식들은 비구승단에 주도록 하라."

"그리 하겠나이다. 스승이시여!"

춘다는 세존의 말씀에 따라 공양을 올렸다.

그러자 세존은 춘다에게 이르셨다.

"춘다여! 남은 수칼라맛다바는 땅에 묻어야 한다. 춘다여! 하늘과 악마의 세계와 범천계를 포함한 전 세계 중에서, 그리고 사문, 바라문과 천인, 인간을 포함한 모든 중생들 중에서 여래를 제외하고 이 음식을 잘 소화할 수 있는 이를 나는 보지 못하였다."

"스승이시여! 그렇게 하겠습니다."

춘다는 남은 수칼라맛다바를 땅에 묻고 세존께 나아갔다.

세존께 나아가 절을 하고 한편에 물러나 앉은 대장장이 아들 춘다에게 세존은 법을 설하심으로써 가르치고 권하시며, 격려하시고 기쁨을 준 뒤 자리에서 일어나 떠나가셨다.

그런데 대장장이 아들 춘다가 공양한 음식을 드신 세존께 극심한 병이 생겨 피가 섞인 설사를 하시며 숨이 끊어질 정도로 큰 고통이 일어났다. 그러나 세존은 그에 흔들리는 일 없이 참아 내시며, 주의력을 흐트리지 않고 정신을 맑게 지니셨다. 세존은 장로 아난다에게 말씀하셨다.

"아난다여! 쿠시나라 마을로 가자."

"그리 하겠나이다, 스승이시여!"

대장장이 춘다가 공양한 음식을 드시고 현자(세존)는 숨이 넘어갈 정도로 심한 병에 걸리셨다라고 나는 들었다. 수칼라맛다바를 잡수신 스승에게 큰 병이 일어났다. 세존은 설사를 하시며 말씀하셨다. "나는 쿠시나라 마을에 가리라"라고.

때에 세존은 길가에서 벗어나 어떤 나무 아래로 다가가셨다. 그리고 장로 아난다에게 말씀하셨다.

"자, 아난다여! 겉옷을 네 겹으로 접어서 땅에 깔아 나의 자리를 마련하라. 피곤하다. 앉고 싶구나."

"그리 하겠나이다, 스승이시여!"

아난다가 마련한 자리에 앉으신 세존은 다시 장로 아난다에게 이르셨다.

"자, 아난다여! 내게 물을 가져오너라. 목이 마르다. 물을 마시고 싶구나."

그러자 장로 아난다는 세존께 아뢰었다.

"스승이시여! 지금 5백 대의 수레가 지나갔습니다. 이곳의 작은 냇물은 수레가 건너가는 바람에 혼탁하게 흐르고 있습니다. 스승이시여! 쿠쿳타 강은 이곳에서 그다지 멀지 않으며 물이 맑고 깨끗하며 차고 단맛이 납니다. 강언덕까지 물이 차 있고 쾌적합니다. 세존께서는 그곳에서 물을 잡수시고 몸을 시원하게 하소서."

세존은 다시 한 번 장로 아난다에게 물을 떠오라고 일렀으나 아난다는 같은 대답을 올렸다.

세 번째로 세존께서 물을 떠오라고 이르셨다.

"그리 하겠나이다. 스승이시여!"

장로 아난다는 발우를 꺼내 들고 그 냇가로 다가갔다.

그때 작은 그 냇가는 수레가 건너간 바람에 흙탕물이 되어 흐르고 있었지만 장로 아난다가 다가가자 맑고 깨끗해졌으며 티끌 하나 없이 흐르게 되었다.

때에 장로 아난다는 생각하였다.

"여래께 위대한 신통력이 있으니 이 얼마나 불가사의하고 희유한 일인가. 이 작은 냇가는 수레가 건너간 바람에 흙탕물이 되어 흐르고 있었지만 내가 다가가니 맑고 깨끗하고 티끌 하나 없이 흐르고 있다."

그는 발우에 물을 가득 담아 세존께 돌아와 냇가의 희유한 광경을 말씀드리며 물을 올렸다.

"세존이시여! 이 물을 잡수소서. 선서시여! 어서 이 물을 잡수소서."

그리하여 세존은 물을 마시게 되었다. 때에 세존은 많은 비구승단과 함께 쿠쿳타 강으로 다가가셨다. 쿠쿳타 강으로 가시

자 강 속으로 들어가 목욕을 하고 물을 마신 뒤, 강에서 올라
와 망고숲으로 다가가셨다.

세존은 장로 춘다카에게 이르셨다.

"자, 춘다카여! 겉옷을 네 겹으로 접어 땅에 깔아 나의 자리
를 마련하여라. 피곤하다. 앉고 싶구나."

"그리 하겠나이다. 스승이시여!"

춘다카는 세존의 말씀에 따라 자리를 마련하였다.

그러자 세존은 오른쪽 옆구리를 땅에 대고 두 발을 포개신
후 흐트러지지 않은 주의력과 맑은 지혜의 힘을 계속 유지하
시며 다시 일어날 때를 마음에 생각하시며 사자와 같은 모습
으로 누우셨다. 장로 춘다카는 그곳에서 세존 바로 앞에 앉아
있었다.

붓다는 물 맑고 달고 깨끗한 쿠쿳타 강으로 가시어, 이 세상에
비할 이 없는 스승 여래는 너무나 피곤한 모습으로 물에 들어가셨
다. 목욕하시고 물을 마신 후, 비구 무리에 둘러싸여 경배를 받으시
는 스승은 강에서 올라오셨다. 그러자 스승이시고 세존이시며, 법의
바퀴를 굴리는 분이신 위대한 성자께서는 망고숲으로 다가가셨다.
춘다카라 이름하는 비구에게 이르셨다. "네 겹으로 옷을 접어라. 나
는 누우리라." 세존께서 재촉하시자 춘다카는 급히 네 겹으로 접은
옷을 깔았다. 스승은 매우 피로한 모습으로 가로누우시고 춘다는
그때 앞에 앉았다.

때에 세존은 장로 아난다에게 이르셨다.

"아난다여! 이런 말을 해서 대장장이 아들 춘다에게 후회를

일으키게 하는 자가 있을 것이다. '여래께서 그대가 올린 마지막 공양을 드시고 반열반(般涅槃 ; 숨을 거둠)하셨다는 것은 그대의 손실이다. 벗 춘다여! 그대에게 이롭지 못한 일이다'라고.

그러므로 아난다여! 다음과 같이 말해서 대장장이의 아들 춘다에게서 후회하는 마음을 없애야 한다.

'여래께서 그대가 올린 마지막 공양을 잡수시고 반열반하신 일은 그대에게 이익이요, 이득이다. 벗 춘다여! 나는 세존에게서 이렇게 들었다. 세존의 바로 앞에서 이렇게 전해 들었다. 이 두 가지 공양은 아주 똑같은 결과를 가져오며 아주 똑같은 과보를 가져온다. 다른 공양보다 엄청나게 큰 결과를 낳으며, 엄청나게 큰 이익을 낳을 것이다. 어떠한 것이 두 가지 공양인가? 여래가 그 음식을 잡수시고 이와 같은 위없는 깨달음을 얻으신 것과, 그 음식을 잡수시고 미혹한 생존의 근거를 남기는 일 없이 완전한 열반의 영역에 드신 것이다. 이 두 가지 공양식(食)은 아주 똑같은 결과를 가져오며 아주 똑같은 과보를 가져오는 것이다. 대장장이 아들 춘다는 긴 수명을 낳은 업을 쌓았고 뛰어난 용모를 갖게 한 업을 쌓았으며 안락함을 낳는 업을 쌓았다. 대장장이의 아들 춘다는 하늘에 태어나는 업을 쌓았고 명성을 날릴 업을 쌓았으며 뛰어난 위력을 가질 업을 쌓았다'라고.

아난다여! 이와 같이 말하며 대장장이 아들 춘다에게서 후회하는 마음을 없게 하라.”

때에 세존은 그것을 아시고 이러한 우다나를 노래하셨다.

보시하는 자에게 공덕은 늘어난다. 자제하는 자에게 원망은 쌓이지 않는다. 착한 이는 악업을 버리고 탐욕과 성냄과 어리석음을 없앰으로써 열반에 든다.

6. 파탈리 마을 사람들

이와 같이 나는 들었다.

어느 때 세존은 수많은 비구승단과 함께 마가다국 사람들 사이를 유행하다가 파탈리 마을을 향하여 걷게 되셨다.

파탈리 마을의 우바새들은 세존께서 도착하셨다는 소식을 전해 들었다.

그러자 우바새들은 세존 계신 곳으로 다가갔다. 다가가서 세존께 절을 하고 한쪽에 물러나 앉은 우바새들은 세존께 아뢰었다.

"스승이시여! 세존께서는 저희가 바치는 휴식강당을 받아주소서."

세존은 침묵함으로써 그 청을 받아들였다. 그러자 파탈리 마을의 우바새들은 세존께서 허락하신 것을 알고 자리에서 일어나 세존께 절을 하며 오른쪽으로 돌고 떠나갔다. 그들은 휴식강당으로 가서 깔개를 깔고 자리를 만들고 물을 뿌리고 호마기름 등불을 설치한 뒤에 세존께 나아갔다.

"스승이시여! 휴식강당에는 모든 준비가 끝났습니다. 알맞은 때라고 생각되시면 그곳으로 나아가소서."

그러자 세존은 아침에 옷을 입고 가사와 발우를 들고 비구승단과 함께 그곳으로 가셨다. 세존은 발을 씻고 강당으로 들어가시어 중앙에 있는 기둥에 기대어 동쪽을 향해 앉으셨다. 비구들도 발을 씻고 강당으로 들어가 가운데의 벽에 기대어 동쪽을 향해 앉았다. 파탈리 마을의 우바새들도 발을 씻고 강당으로 들어가 동쪽 벽에 기대어 세존을 마주 보도록 서쪽을 향해 앉았다.

그러자 세존은 파탈리 마을의 우바새들에게 말씀하셨다.

"거사들이여! 계를 지키지 않는 자가 계를 어김으로써 다섯 가지 재난이 있다. 어떠한 것이 다섯 가지 재난인가?

(1) 거사들이여! 사물을 등한히하기 때문에 크게 재산을 잃게 된다.

(2) 나쁜 평판이 따른다.

(3) 왕족의 모임이거나 바라문, 거사의 모임이거나 사문의 모임이거나 어떠한 모임에도 당당하지 못하고 주눅이 든 것처럼 들어가게 된다.

(4) 또 죽을 때에 마음이 어지럽게 된다.

(5) 그리고 몸이 부서지고 목숨이 끝난 후에 나쁜 생(惡生)·나쁜 길(惡趣)·나쁜 곳(惡處)인 지옥에 태어난다. 거사들이여! 이것이 계를 지키지 않는 자가 계를 어김으로써 일어나는 다섯 가지 재난이다.

거사들이여! 계를 지키는 자가 계를 실천함으로써 이와 같은 다섯 가지 이익이 있다. 무엇이 다섯 가지 이익인가?

(1) 거사들이여! 계를 지키는 자는 사물을 등한히하지 않음으로써 재산이 크게 늘어난다.

(2) 좋은 평판이 들리게 된다.

(3) 왕족이나 바라문, 거사, 사문의 모임 등 어느 모임에도 주눅 드는 일 없이 자신있게 들어가게 된다.

(4) 죽을 때에 그 마음이 어지럽지 않다.

(5) 몸이 부서지고 목숨이 끝난 후에 좋은 길(善趣)인 하늘에 태어난다.

거사들이여! 이것이 계를 실천함으로써 일어나는 다섯 가지 이익이다."

때에 세존은 밤깊도록 파탈리 마을의 우바새들에게 법을 설하시고 가르치고 권하고 격려하시며 그들에게 기쁨을 주신 뒤에 "거사들이여! 밤이 깊었다. 돌아가도 좋다"라고 말씀하시며 물러가게 하셨다.

파탈리 마을의 우바새들은 세존께서 설하신 말씀에 기뻐하고 흡족해 하며 자리에서 일어나 세존께 절을 하고 오른쪽으로 돌며 경배한 후 떠나갔다.

그러자 세존은 우바새들이 떠나가자마자 텅 비게 된 강당에 들어가셨다.

그때 마가다국의 대신 수니다와 밧사카라는 밧지국의 공격에 대비하여 파탈리에 성을 쌓고 있었다.

또한 그때 파탈리 마을에는 천 명이 넘을 정도의 많은 천인들이 토지 한 면을 차지하고 있었다. 큰 위력이 있는 천인들이 차지하고 있는 한 면의 토지는, 옛날 큰 위력이 있던 왕과 대신들이 자기들이 살 성을 쌓으려고 했던 곳이다.

중간 위치에 있는 천인들이 차지하고 있는 한 면의 토지는

옛날 보통 왕과 대신들이 자신들이 살 성을 쌓으려 했던 곳이
다. 힘이 약한 천인들이 차지하고 있는 한 면의 토지는, 옛날
세력이 약한 왕과 대신들이 자신들이 살 성을 지으려 했던 곳
이다.

세존은 사람의 눈보다 뛰어난 맑고 깨끗한 하늘의 눈으로
천 명도 더 되는 많은 천인들이 각기 파탈리 마을의 토지를
차지하고 있는 광경을 보시게 되었다.

그러자 세존은 어둠이 밝아올 때 다가서서 장로 아난다에게
물으셨다.

"아난다여! 누가 파탈리 마을에 성을 쌓고 있는가?"

"스승이시여! 마가다국 대신 수니다와 밧사카라가 밧지국의
공격에 대비해 성을 쌓고 있습니다."

"아난다여! 수니다와 밧사카라는 마치 삼십삼천의 천인들과
서로 이야기를 나눈 것처럼 적당한 땅을 골라 성을 쌓고 있다.

아난다여! 나는 사람의 눈보다 뛰어난 하늘의 눈으로 천 명
이 넘는 천인들이 각기 한 면의 토지를 차지하고 있는 광경을
보았다.

아난다여! 이곳이 성스럽고 상인이 지나는 길인 이상 이곳
은 머지않아 재화가 산더미같이 쌓일 으뜸가는 도시, 파탈리풋
타가 될 것이다.

아난다여! 하지만 이 파탈리풋타에는 세 가지 재난이 일어
날 것이다. 불에 의한 재난과 물에 의한 재난, 그리고 사람들
의 반목에 의한 재난이 그것이다."

때에 마가다국 대신 수니다와 밧사카라가 세존께 다가왔다.

그들은 세존과 서로 인사를 주고받고 건강과 안녕을 비는 말을 나눈 뒤에 한쪽에 물러나 앉았다.

수니다와 밧사카라가 세존께 말씀드렸다.

"스승 고타마시여! 부디 비구승단과 함께 오늘 저희들의 공양을 받아 주소서."

세존은 침묵으로 승낙하셨다.

그러자 마가다국 대신 수니다와 밧사카라는 세존께서 승낙하셨음을 알고 자신의 집으로 돌아갔다. 그들은 자신의 집에서 공양 올릴 음식을 준비한 뒤 세존께 나아갔다.

"스승 고타마시여! 때가 되었습니다. 음식을 모두 갖추었습니다."

그러자 세존은 아침에 옷을 입고 가사와 발우를 들고 비구승단과 함께 수니다와 밧사카라의 집으로 가셨다. 그리고 미리 준비해 둔 자리에 앉으셨다.

수니다와 밧사카라는 붓다를 비롯한 비구승단에게 갖가지 맛난 음식을 손수 올리어 부족한 것이 없도록 하였다.

그리고 수니다와 밧사카라는 세존께서 공양을 마치고 발우를 내려놓으시자 낮은 자리를 만들어 그곳에 앉았다. 세존은 마가다국 대신 수니다와 밧사카라에게 다음과 같은 게송을 노래하시며 기쁜 마음을 전하셨다.

무릇 현자들이 살아가고 있는 곳은, 사람이 계를 지키고 자제심 있고 깨끗한 수행에 힘쓰는 수행자들에게 공양하는 곳이며 동시에 그곳에 살고 있는 천인들에게 베품의 공덕을 쌓는 곳이다. 그에게

서 공양을 받고 존경을 받은 천인들은 또한 그를 공양하고 존경한
다. 그리고 마치 어머니가 자기의 아이를 사랑하듯이 그를 사랑하
고 가엾이 여긴다. 천인들의 사랑을 받고 있는 사람은 언제나 행복
을 느낀다.

세존은 마가다국 대신 수니다와 밧사카라에게 이러한 게송
을 노래하여 기쁜 마음을 전한 뒤에 자리에서 일어나 떠나가
셨다.

마가다국 대신 수니다와 밧사카라는 세존을 뒤따라 나오며
생각하였다. "오늘 사문 고타마가 나가시게 될 문을 지금부터
고타마 문이라 부르기로 하자. 강가 강(갠지즈 강)을 건너실 나
루터를 고타마 나루터라 부르기로 하자."

그리하여 세존이 문을 나서자 그 문은 고타마 문이라 불리
게 되었다. 그리고 세존은 강가 강으로 나아가셨다.

그때 강가 강은 물이 넘치고 있어 까마귀가 제방 위에서 물
을 먹고 있을 정도였다. 어떤 사람들은 배를 찾아다니고 어떤
사람들은 뗏목을 만들거나 갈대묶음을 만들어 강을 건너려 하
였다.

그러자 세존은 비구승단과 함께 마치 힘센 장사가 팔을 오
므렸다 펴는 것과 같은 순간에 강가 강의 이편 언덕에서 모습
을 감추더니 저편 언덕에 우뚝 서셨다.

세존은 배를 찾으러 다니는 사람들, 뗏목을 만들거나 갈대묶
음을 만들어 강을 건너려는 사람들을 보시었다.

때에 세존은 그것을 아시고 이러한 우다나를 노래하셨다.

다리를 만들어 수렁을 피하고 흐르는 강을 건넌 현자들은 어리석은 사람들이 갈대묶음을 만드는 동안에 어리석은 생의 흐름을 뛰어 넘었다.

7. 갈림길

이와 같이 나는 들었다.

어느 때 세존은 시자(侍者)인 장로 나가사말라와 함께 코살라국을 유행하시며 거리를 걷고 계셨다.

장로 나가사말라는 도중에 길이 갈리어 있는 것을 보고 세존께 말씀드렸다.

"스승이시여! 세존이시여! 이쪽이 바른 길입니다. 이리로 가십시다."

그러자 세존은 다른 쪽 길을 가리키며 나가사말라에게 말씀하셨다.

"나가사말라여! 이쪽이 길이다. 이리로 가자."

장로 나가사말라는 다시 자기의 생각을 주장했다. 그러나 세존은 다른 길을 가리키셨다.

다시 한 번 장로 나가사말라는 세존께 자기의 생각을 고집했으나 뜻대로 되지 않자 세존의 가사와 발우를 그곳에 놓고 "스승이시여, 세존이시여! 여기에 가사와 발우가 있습니다" 하고 말한 뒤 앞서서 가버렸다.

장로 나가사말라가 자신이 선택한 길을 걷다 얼마 지나지 않아 도둑을 만나게 되어 손과 발이 묶이고 발우가 깨졌으며 가사가 찢기게 되었다.

장로 나가사말라는 발우가 깨지고 가사는 찢긴 채로 세존 계신 곳으로 다가갔다. 절을 하고 한쪽에 물러나 앉아 세존께 말씀드렸다.

"스승이시여! 제가 선택한 길을 걷다가 도적을 만나 손발이 묶이고 발우가 깨졌으며 가사가 찢겼습니다."

때에 세존은 그것을 아시고 이러한 우다나를 노래하셨다.

도반과 함께 길 떠나며 함께 머무는 성자는 마치 백로의 새끼가 날개로 물을 퉁기듯이 악을 알아서 물리친다.

8. 비사카

이와 같이 나는 들었다.

어느 때 세존은 사밧티의 동쪽 동산에 있는 미가라의 어머니가 기증한 강당에 머물러 계셨다.

그때 미가라의 어머니인 비사카는 끔찍이도 사랑하던 손녀를 잃었다. 그래서 비사카는 한낮에 젖은 머리와 젖은 옷 차림새로 세존 계신 곳으로 나아갔다. 절을 하고 한쪽에 물러나 앉자 세존은 말씀하셨다.

"비사카여! 그대는 어찌하여 이 한낮에 젖은 머리와 옷 차림으로 이곳에 왔는가?"

"스승이시여! 제가 그토록 애지중지하던 손녀가 죽어 버렸습니다. 그래서 저는 이렇게 젖은 옷과 머리인 채로 이곳에 왔습니다."

"비사카여! 그대는 사밧티 사람 수만큼의 자식과 손자를 갖고 싶은가?"

"스승이시여! 저는 그만큼의 자식과 손자를 갖고 싶습니다."

"그런데 비사카여! 사밧티에는 날마다 얼마나 많은 사람이 죽어가고 있는가?"

"스승이시여! 사밧티에는 날마다 열 명의 사람이 죽기도 하고 아홉 명, 여덟 명 내지 한 명의 사람이 죽기도 합니다. 스승이시여! 저는 사밧티에서 죽어가는 사람을 만나지 않은 적이 없습니다."

"비사카여! 그대는 어떻게 생각하는가? 그렇다면 그대는 언제 어디서나 젖지 않은 옷을 입고 머리를 물에 적시지 않은 모습의 사람을 본 적이 있는가?"

"본 적이 없습니다. 스승이시여! 그러나 자식과 손자와의 사별의 슬픔에 젖어 있는 모습은 너무나 많이 보았습니다."

"비사카여! 백 명의 사랑하는 사람을 가진 자에게는 백 가지 괴로움이 있다. 아흔 명의 사랑하는 사람을 가진 자에게는 아흔 가지 괴로움이 있다. 여든 명, 일흔 명 내지 열 명의 사랑하는 사람을 가진 자에게는 여든 가지, 일흔 가지 내지 열 가지 괴로움이 있다. 아홉 명, 여덟 명 내지 한 명의 사랑하는 사람을 가진 자에게는 아홉 가지, 여덟 가지 내지 한 가지 괴로움이 있다. 사랑하는 사람을 갖지 않은 사람에게는 괴로움이 없다. 그 사람에게는 슬픔이 없고 번뇌가 없고 번민이 없다고 나는 말한다."

때에 세존은 그것을 아시고 이러한 우다나를 노래하셨다.

무릇 이 세상의 온갖 근심이며 슬픔, 괴로움은 모두가 사랑하는 자를 연하여 생겨난다. 사랑하는 자가 없으면 슬픔도 없다. 그러므로 이 세상 어디에도 사랑하는 자가 없는 사람들은 편안하며 슬픔을 떠나 있다. 그러므로 근심 없고 번뇌를 떠나 있기 바라는 사람은 세상 어디에도 사랑하는 사람을 만들지 말라.

9. 닷바 — 하나

이와 같이 나는 들었다.

어느 때 세존은 라쟈가하의 대나무숲에 있는 칼란다카 니바파 동산에 머물러 계셨다.

때에 장로 닷바 말라풋타는 세존 계신 곳으로 다가왔다. 세존께 절을 하고 한쪽으로 물러나 앉은 장로 닷바 말라풋타는 세존께 말씀드렸다.

"선서시여! 이제 제가 반열반할 때입니다."

"닷바여! 그대가 알맞은 때라고 생각한다면 그리 하라."

그러자 장로 닷바 말라풋타는 자리에서 일어나 세존께 절을 하고 오른쪽으로 돌고 나서 공중으로 올라갔다. 그는 허공에서 결가부좌하여 불의 삼매에 든 뒤 다시 삼매에서 나와 반열반하였다.

그런데 반열반한 장로 닷바 말라풋타의 유체를 태워 다비에 부칠 때, 재와 연기가 하나도 남지 않았다. 예를 들면 버터나 호마기름을 태울 때 재와 연기가 남아 있지 않아 찾을 수 없는 것과도 같다.

때에 세존은 그것을 아시고 이러한 우다나를 노래하셨다.

몸은 부서지고 생각은 멸하였고 모든 감각기관은 불에 타버렸다. 의지의 움직임도 고요히 쉬고 마음이 분별하는 작용도 사라져 버렸다.

10. 닷바 ― 둘

이와 같이 나는 들었다.

어느 때 세존은 사밧티 교외 제타숲에 있는 아나타핀디카 동산에 머물러 계셨다.

세존께서 그곳에서 "비구들이여!" 하고 부르시자 비구들은 "대덕이시여!" 하고 세존께 대답하였다. 세존은 말씀하셨다.

"비구들이여! 허공으로 날아올라 공중에서 결가부좌하여 불의 삼매에 든 뒤 그로부터 나와 반열반한 장로 닷바 말라풋타의 유체를 태워 다비에 부쳤을 때 재와 연기는 하나도 남지 않아 찾아볼 수 없었다. 예를 들면 버터나 호마기름을 불태울 때 재와 연기가 남지 않는 것처럼, 장로 닷바 말라풋타의 유체를 태워 다비에 부쳤을 때 재와 연기는 남지 않았다."

때에 세존은 그것을 아시고 이러한 우다나를 노래하셨다.

쇠망치로 쳐서 흩뿌려진 불꽃들은 차츰 사라져 가는 곳을 알 수 없듯이, 올바르게 해탈하여 애욕의 속박이라는 물의 흐름을 뛰어넘어 흔들리지 않는 안락을 얻은 사람들이 가는 곳은 알 수 없을 것이다.

제8장 파탈리 마을 사람들
여기에 끝을 맺는 구절이 있다.

네 가지 열반이 설해졌다. 춘다, 파탈리 마을 사람들, 갈림길과 비사카. 그리고 닷바와 합해서 열 가지.

제1장은 으뜸가는 깨달음, 제2장은 무챠린다. 세 번째는 난다. 네 번째는 으뜸가는 메기야. 다섯 번째의 으뜸가는 장은 소나. 여섯 번째의 으뜸가는 장은 태어날 때부터의 장님. 그리고 일곱 번째의 으뜸가는 장은 짧은 이야기. 제8장은 으뜸가는 파탈리 마을 사람들.

80을 꽉 채운 숫자의 으뜸가는 경을 담은 이 여덟 개의 장(章)은 눈을 갖춘 티끌 없는 분에 의해서 잘 나뉘어 설해 있다. 믿음 있는 사람들은 이것을 우다나라 한다.

진리의 언어(이티붓타카)

저 우주만물의 스승이시며 존귀하시고
바른 깨달음을 여신 분께 경배합니다.

1 부
제 1 장

1. 탐욕

바로 이와 같은 것을 아라한 세존께서 설하셨다고 나는 들었다.

"비구(출가제자)들이여! 한 가지를 끊어 버려라. 나는 그대들을 보증하나니 그대들은 더 이상 이 미혹한 세상으로 돌아오지 않는 경지에 들리라. 한 가지란 어떤 것인가? 비구들이여! 탐욕이라는 한 가지를 끊어 버려라. 나는 그대들을 보증하리니 그대들은 더 이상 이 미혹한 세상으로 돌아오지 않는 경지에 들리라."

이렇게 세존께서 말씀하시고 그에 관해 다음과 같이 설하셨다.[1]

탐욕이 강한 사람은 탐욕으로 인해 나쁜 경지로 나아간다. 진리를 바라보는 사람은 바른 지혜로써 탐욕을 끊어 버린다. 그리하여 이 세상으로 돌아와 미혹한 생을 되풀이하는 일은 두 번 다시 없으리라.

또한 이렇게 세존께서 설하셨다고 나는 들었다.

2. 증오

바로 이와 같은 것을 아라한 세존께서 설하셨다고 나는 들었다.

"비구들이여! 한 가지를 끊어 버려라. 나는 그대들을 보증하나니 그대들은 더 이상 이 미혹한 세상으로 돌아오지 않는 경지에 들리라. 한 가지란 어떤 것인가? 비구들이여! 증오라고 하는 한 가지를 끊어 버려라. 나는 그대들을 보증하리니 그대들은 더 이상 이 미혹한 세상으로 돌아오지 않는 경지에 들리라."

이렇게 세존께서 말씀하시고 그에 관해 다음과 같이 설하셨다.

증오심을 품은 사람은 그것으로 인해 나쁜 경지로 나아간다. 진리를 바라보는 사람은 바른 지혜로써 증오를 끊어 버린다. 그리하여 이 세상으로 돌아와 미혹한 생을 되풀이하는 일은 두 번 다시 없으리라.

또한 이렇게 세존께서 설하셨다고 나는 들었다.

3. 어리석음

바로 이와 같은 것을 아라한 세존께서 설하셨다고 나는 들었다.

"비구들이여! 한 가지를 끊어 버려라. 나는 그대들을 보증하나니 그대들은 더 이상 이 미혹한 세상으로 돌아오지 않는 경지에 들리라. 한 가지란 어떤 것인가? 비구들이여! 어리석음이란 한 가지를 끊어 버려라. 나는 그대들을 보증하리니 그대들은 더 이상 이 미혹한 세상으로 돌아오지 않는 경지에 들리라."

이렇게 세존께서 말씀하시고 그에 관해 다음과 같이 설하셨다.

어리석은 사람은 어리석음으로 인해 나쁜 경지로 나아간다. 진리를 바라보는 사람은 바른 지혜로써 어리석음을 끊어 버린다. 그리하여 이 세상으로 돌아와 미혹한 생을 되풀이하는 일은 두 번 다시 없으리라.

또한 이렇게 세존께서 설하셨다고 나는 들었다.

4. 성냄

바로 이와 같은 것을 아라한 세존께서 설하셨다고 나는 들었다.

"비구들이여! 한 가지를 끊어 버려라. 나는 그대들을 보증하나니 그대들은 더 이상 이 미혹한 세상으로 돌아오지 않는 경지에 들리라. 한 가지란 어떤 것인가? 비구들이여! 성냄이라는 한 가지를 끊어 버려라. 나는 그대들을 보증하나니 그대들은 더 이상 이 미혹한 세상으로 돌아오지 않는 경지에 들리라."

이렇게 세존께서 말씀하시고 그에 관해 다음과 같이 설하셨다.

성냄에 끓어오르는 사람은 그로 인해 나쁜 경지로 나아간다. 진리를 바라보는 사람은 바른 지혜로써 성냄을 끊어 버린다. 그리하여 이 세상으로 돌아와 미혹한 생을 되풀이하는 일은 두 번 다시 없으리라.

또한 이렇게 세존께서 설하셨다고 나는 들었다.

5. 원한

바로 이와 같은 것을 아라한 세존께서 설하셨다고 나는 들었다.

"비구들이여! 한 가지를 끊어 버려라. 나는 그대들을 보증하나니 그대들은 더 이상 이 미혹한 세상으로 돌아오지 않는 경지에 들리라. 한 가지란 어떤 것인가? 비구들이여! 원한이라는 한 가지를 끊어 버려라. 나는 그대들을 보증하나니 그대들은 더 이상 이 미혹한 세상으로 돌아오지 않는 경지에 들리라."

이렇게 세존께서 말씀하시고 그에 관해 다음과 같이 설하셨다.

원한을 품은 사람은 원한으로 인해 나쁜 경지로 나아간다. 진리를 바라보는 사람은 바른 지혜로써 원한을 끊어 버린다. 그리하여 이 세상으로 돌아와 미혹한 생을 되풀이하는 일은 두 번 다시 없으리라.

또한 이렇게 세존께서 설하셨다고 나는 들었다.

6. 거만한 마음

바로 이와 같은 것을 아라한 세존께서 설하셨다고 나는 들었다.

"비구들이여! 한 가지를 끊어 버려라. 나는 그대들을 보증하나니 그대들은 더 이상 이 미혹한 세상으로 돌아오지 않는 경지에 들리라. 한 가지란 어떤 것인가? 비구들이여! 거만한 마음이라는 한 가지를 끊어 버려라. 나는 그대들을 보증하나니 그대들은 더 이상 이 미혹한 세상으로 돌아오지 않는 경지에 들리라."

이렇게 세존께서 말씀하시고 그에 관해 다음과 같이 설하셨다.

마음이 거만한 사람은 그로 인해 나쁜 경지로 나아간다. 진리를 바라보는 사람은 바른 지혜로써 거만한 마음을 끊어 버린다. 그리하여 이 세상으로 돌아와 미혹한 생을 되풀이하는 일은 두 번 다시 없으리라.

또한 이렇게 세존께서 설하셨다고 나는 들었다.

7. 모든 것

바로 이와 같은 것을 아라한 세존께서 설하셨다고 나는 들었다.

"비구들이여! 사람의 마음이 모든 것을 잘 알지 못하고 두루 알지 못하며 그것에 관해 애착심을 떠나거나 끊어 버리지 못한다면, 그 사람은 괴로움을 없애지 못할 것이다. 그러나 비구들이여! 사람의 마음이 모든 것을 잘 알고 두루 알며 그것에 관해 애착심을 떠나고 끊어 버린다면 그 사람은 괴로움을 없앨 수 있으리라."

이렇게 세존께서 말씀하시고 그에 관해 다음과 같이 설하셨다.

무릇 모든 것을 속속들이 알며, 온갖 사물에 애착하지 않는 사람은 진정으로 모든 것을 두루 알고 모든 괴로움을 넘어서 있다.

또한 이렇게 세존께서 설하셨다고 나는 들었다.

8. 거만한 마음

바로 이와 같은 것을 아라한 세존께서 설하셨다고 나는 들었다.

"비구들이여! 사람의 마음이 거만한 마음을 잘 알지 못하고 두루 알지 못하며 그것에 대해 애착심을 떠나거나 끊어 버리지 못한다면 그 사람은 괴로움을 없애지 못할 것이다. 그러나 비구들이여! 사람의 마음이 거만한 마음을 잘 알고 또한 끊어 버린다면 그 사람은 괴로움을 없앨 수 있으리라."

이렇게 세존께서 말씀하시며 그에 관해 다음과 같이 설하셨다.

거만한 마음을 갖고 거만한 마음에 묶여 있는 사람들은 어리석은 삶을 헛되이 즐긴다. 거만한 마음을 두루 알지 못하는 사람들은 또 다시 미혹한 생을 받는다.
그러나 거만한 마음을 끊어 버리고 거만한 마음을 소멸하여 해탈을 얻은 사람들은 거만한 마음의 속박을 부수고 모든 괴로움을 넘어서 있다.

또한 이렇게 세존께서 설하셨다고 나는 들었다.

9. 탐욕

바로 이와 같은 것을 아라한 세존께서 설하셨다고 나는 들었다.

"비구들이여! 사람의 마음이 탐욕을 잘 알지 못하고 두루 알지 못하며, 그에 대해 애착심을 떠나거나 끊어 버리지 못한다면 그 사람은 괴로움을 없애지 못할 것이다. 그러나 비구들이여! 사람의 마음이 탐욕을 잘 알고 두루 알며 그에 대해 애

착을 떠나고 그것을 끊어 버린다면 그 사람은 괴로움을 없앨
수 있으리라."

이렇게 세존께서 말씀하시며 그에 관해 다음과 같이 설하셨
다.

탐욕이 강한 사람은 탐욕으로 인해 나쁜 경지로 나아간다. 진리
를 바라보는 사람은 바른 지혜로써 탐욕을 끊어 버린다. 그리하여
이 세상으로 돌아와 미혹한 생을 되풀이하는 일은 두 번 다시 없으
리라.

또한 이렇게 세존께서 설하셨다고 나는 들었다.

10. 증오

바로 이와 같은 것을 아라한 세존께서 설하셨다고 나는 들
었다.

"비구들이여! 사람의 마음이 증오를 잘 알지 못하고 두루
알지 못하며 그것에 대해 애착심을 떠나거나 끊어 버리지 못
한다면 그 사람은 괴로움을 없애지 못할 것이다. 그러나 비구
들이여! 사람의 마음이 증오를 잘 알고 또한 끊어 버린다면
그 사람은 괴로움을 없앨 수 있으리라."

이렇게 세존께서 말씀하시며 그에 관해 다음과 같이 설하셨다.

증오를 품은 사람은 증오에 의해 나쁜 경지로 나아간다. 진리를
바라보는 사람은 바른 지혜로써 증오를 끊어 버린다. 그리하여 이
세상으로 돌아와 미혹한 생을 되풀이하는 일은 두 번 다시 없으리

라.

또한 이렇게 세존께서 설하셨다고 나는 들었다.

이상, 제 1 장
끝맺는 시구

탐욕①과 증오②, 그리고 어리석음③, 성냄④과 원한⑤과 거만한 마음⑥, 모든 것⑦, 거만한 마음⑧에 이어 또다시 탐욕⑨과 증오⑩의 두 가지가 환히 설해져 이상을 제 1 장이라 한다.

1부
제 2 장

11. 어리석음

바로 이와 같은 것을 아라한 세존께서 설하셨다고 나는 들었다.

"비구들이여! 사람의 마음이 어리석음을 잘 알지 못하고 두루 알지 못하며 그것에 대해 애착을 버리거나 끊어 버리지 못한다면 그 사람은 괴로움을 없애 버리지 못할 것이다. 그러나 비구들이여! 사람의 마음이 어리석음을 잘 알고 또한 그것을 끊어 버린다면 그 사람은 괴로움을 없애 버릴 수 있을 것이다."

이렇게 세존께서 말씀하시며 그에 관해 다음과 같이 설하셨다.

어리석은 사람은 어리석음으로 인해 나쁜 경지로 나아간다. 진리를 바라보는 사람은 바른 지혜로써 어리석음을 끊어 버린다. 그리하여 이 세상으로 돌아와 미혹한 생을 되풀이하는 일은 두 번 다시 없으리라.

또한 이렇게 세존께서 설하셨다고 나는 들었다.

12. 성냄

바로 이와 같은 것을 아라한 세존께서 설하셨다고 나는 들었다.

"비구들이여! 사람의 마음이 성냄을 잘 알지 못하고 두루 알지 못하며, 그에 대해 애착심을 떠나거나 끊어 버리지 못한다면 그 사람은 괴로움을 없애지 못할 것이다. 그러나 비구들이여! 사람의 마음이 성냄을 잘 알고 두루 알며 그에 대해 애착을 떠나고 그것을 끊어 버린다면 그 사람은 괴로움을 없앨 수 있으리라."

이렇게 세존께서 말씀하시며 그에 관해 다음과 같이 설하셨다.

성냄에 들끓는 자는 성냄으로 인해 나쁜 경지로 나아간다. 진리를 바라보는 사람은 바른 지혜로써 성냄을 끊어 버린다. 그리하여 이 세상으로 돌아와 미혹한 생을 되풀이하는 일은 두 번 다시 없으리라.

또한 이렇게 세존께서 설하셨다고 나는 들었다.

13. 원한

바로 이와 같은 것을 아라한 세존께서 설하셨다고 나는 들었다.

"비구들이여! 사람의 마음이 원한을 잘 알지 못하고 두루 알지 못하며, 그에 대해 애착심을 떠나거나 끊어 버리지 못한다면 그 사람은 괴로움을 없애지 못할 것이다. 그러나 비구들이여! 사람의 마음이 원한을 잘 알고 두루 알며 그에 대해 애착을 떠나고 그것을 끊어 버린다면 그 사람은 괴로움을 없앨 수 있으리라."

이렇게 세존께서 말씀하시며 그에 관해 다음과 같이 설하셨다.

원한을 품은 자는 원한으로 인해 나쁜 경지로 나아간다. 진리를 바라보는 사람은 바른 지혜로써 원한을 끊어 버린다. 그리하여 이 세상으로 돌아와 미혹한 생을 되풀이하는 일은 두 번 다시 없으리라.

또한 이렇게 세존께서 설하셨다고 나는 들었다.

14. 어리석음

바로 이와 같은 것을 아라한 세존께서 설하셨다고 나는 들었다.

"비구들이여! 어리석음이라는 덮개가 있다. 이 덮개는 사람의 마음을 덮고 휘몰아 그로 인해 사람들은 오래도록 미혹한 생을 떠돈다. 나는 이 어리석음보다 더한 덮개를 이제껏 보지 못했다. 그러나 비구들이여! 실로 어리석음에 덮임으로 인해 사람들은 마음이 덮이고 오래도록 미혹한 생을 거듭하며 이리저리 휘몰리며 떠도는 것이다."

이렇게 세존께서 말씀하시며 그에 관해 다음과 같이 설하셨다.

어리석음은 사람들의 마음을 덮고 밤낮으로 흘러다니게 한다. 나는 어리석음보다 더한 것은 이제껏 보지 못했다. 그렇지만 어리석음을 끊어 버리고 암흑덩어리를 쳐부수려는 사람들은 다시 흘러다니는 일이 없다. 그들에게는 그 원인이 없기 때문에.

또한 이렇게 세존께서 설하셨다고 나는 들었다.

15. 탐욕

바로 이와 같은 것을 아라한 세존께서 설하셨다고 나는 들었다.

"비구들이여! 탐욕의 마음이라는 속박이 있다. 이 속박은 사람의 마음을 잡아당기고 휘몰아 그로 인해 사람들은 오래도록 미혹한 생을 떠돈다. 나는 이 탐욕의 마음보다 더한 속박을 이제껏 보지 못했다. 비구들이여! 참으로 탐욕의 마음이라는 속박에 의해 사람들은 마음이 끄달리고 오래도록 미혹한 생을 거듭하며 휘몰리고 떠돈다."

이렇게 세존께서 말씀하시며 그에 관해 다음과 같이 설하셨다.

탐욕의 마음을 반려로 하는 자는 오래도록 미혹한 세계를 떠돌아 다닌다. 이곳에서의 생, 다른 곳에서의 생을 되풀이하면서 미혹한 세계를 뛰어넘을 수 없다.
이 같은 잘못을 알고 탐욕의 마음이 괴로움을 낳는다는 것을 알아 탐욕의 마음을 떠나고 집착하는 일 없이 전념하는 비구는 수행하며 지내야 한다.

또한 이렇게 세존께서 설하셨다고 나는 들었다.

16. 배워야 할 것이 있는 자—하나

바로 이와 같은 것을 아라한 세존께서 설하셨다고 나는 들었다.
"비구들이여! 아직 배워야 할 것이 남아 있어 그 마음이 아직 깨달음에 이르지 못했지만 위없는 마음의 평안함을 추구하는 비구는 세심한 사색을 해야 한다. 깨달음에 이르기 위한 내적인 요인으로서 비구에게 이보다 더 유익한 요인을 나는 이제껏 보지 못했다. 비구들이여! 세심하게 사색하는 비구는 착하지 않음(不善)을 끊어 버리고 착함(善)을 닦는다."
이렇게 세존께서 말씀하시며 그에 관해 다음과 같이 설하셨다.

세심한 사색은 아직 배워야 할 것이 남아 있는 비구를 위한 것으로, 달리 이만큼 유익한 것은 없다. 으뜸가는 이익을 얻기 위해 부지런히 힘쓰는 비구는 괴로움을 없애는 데에 이를 수 있을 것이다.

또한 이렇게 세존께서 설하셨다고 나는 들었다.

17. 배워야 할 것이 있는 자—둘

바로 이와 같은 것을 아라한 세존께서 설하셨다고 나는 들었다.

"비구들이여! 아직 배워야 할 것이 있고 그 마음이 아직 깨달음에 도달하지 못했지만 위없는 마음의 평안을 추구하고 있는 비구에게 있어 깨달음에 도달하는 외적인 요인으로서 착한 벗을 갖는다는 것 이상으로 유익한 일을 나는 달리 보지 못했다. 비구들이여! 착한 벗을 가진 비구는 착하지 않은 것을 끊어 버리고 착한 일을 닦는다."

이렇게 세존께서 말씀하시며 그에 관해 다음과 같이 설하셨다.

착한 벗을 가진 비구는 순종하게 되고 공손해지며 친구들의 말을 잘 지키며 올바른 지혜에 의한 기억으로 차츰 모든 속박을 소멸하기에 이를 것이다.

또한 이렇게 세존께서 설하셨다고 나는 들었다.

18. 분열

바로 이와 같은 것을 아라한 세존께서 설하셨다고 나는 들었다.

"비구들이여! 이 세상에는 한 가지 일이 일어나나니 이 일은 많은 중생에게 이익과 안락을 가져오지 않으며 하늘과 인간세상에 두루 살아가는 중생에게 손실과 불안을 가져온다. 그 한 가지 일이란 어떤 것인가? 승단의 분열이다. 다시 말하면 비구들이여! 승단이 분열할 때에는 서로 논쟁이 일어난다. 서로 매도하고 비방하며 배신하고 배척하게 된다. 그러므로 아직 믿음을 얻지 못한 사람들은 믿음의 기쁨을 알지 못하게 되고 이미 믿음을 얻은 사람들 속에서는 그 마음에 변화가 일어나기도 한다."

이렇게 세존께서 말씀하시며 그에 관해 다음과 같이 설하셨다.

승단을 분열시키는 자는 멀리 괴로운 경지로 나아가게 되며 지옥으로 가게 될 것이며 그곳에서 영원히 살아가게 된다. 파벌 만들기를 좋아하고 의롭지 못한 가운데 살아가는 자는 속박으로 말미암아 마음의 평온을 잃고 승단의 화합을 깨뜨려 영원히 지옥에서 고통받는다.

또한 이렇게 세존께서 설하셨다고 나는 들었다.

19. 기쁨에 넘침

바로 이와 같은 것을 아라한 세존께서 설하셨다고 나는 들었다.

"비구들이여! 이 세상에는 한 가지 일이 일어나나니 이 일은 많은 중생에게 이익과 안락을 가져오며 하늘과 인간세상에

두루 살아가는 중생에게 이익과 안락을 가져온다. 그 한 가지
란 어떤 것인가? 승단의 화합이다. 다시 말하면 비구들이여!
승단이 화합해 있을 때에는 서로 논쟁이 벌어지지 않는다. 서
로 매도하거나 비방하거나 배신하거나 배척하는 일이 일어나
지 않는다. 그러므로 아직 믿음을 얻지 못한 사람들은 믿음의
기쁨을 알게 되며, 이미 믿음을 얻은 사람들 중에서는 더욱 믿
음이 깊어가는 사람도 있게 된다."

이렇게 세존께서 말씀하시며 그에 관해 다음과 같이 설하셨
다.

승단의 화합은 즐거우며 화합하는 사람들은 이익을 얻는다. 화합
을 기뻐하며 의로움 속에 살아가는 사람은 속박을 벗어나 마음의
평안함을 잃지 않으며 승단의 화합을 지키고 영원히 좋은 경지에서
기쁨에 넘치게 된다.

또한 이렇게 세존께서 설하셨다고 나는 들었다.

20. 사람

바로 이와 같은 것을 아라한 세존께서 설하셨다고 나는 들
었다.

"비구들이여! 이 세상에는 탐욕 따위로 마음이 더럽혀진 사
람이 얼마든지 있다. 나는 나의 마음으로 그와 같은 사람의 마
음을 꿰뚫어 다음과 같이 안다. 즉, 이 사람은 때가 되어 죽음
을 맞이할 때 마치 무거운 짐을 내려놓듯이 즉시 지옥에 태어

나게 되리라. 그것은 무엇 때문인가? 비구들이여! 그의 마음이 더럽혀져 있기 때문이다. 실로 비구들이여! 이 세상에는 그와 같이 살아가는 사람들이 마음의 더러움 때문에 죽은 뒤 몸이 부서진 직후 고통스럽고 험난한 경지인 지옥에 태어나게 된다."

이렇게 세존께서 말씀하시며 그에 관해 다음과 같이 설하셨다.

이 세상에는 마음이 더럽혀진 자가 얼마든지 있다. 성현은 그것을 알아 비구들 앞에서 이렇게 선언하셨다.

때가 되어 이 사람은 죽음을 맞이할 것이다. 그리고 지옥에 태어날 것이다. 그 마음이 더럽혀져 있기 때문이다.

이러한 사람들은 마치 짐을 나르다가 내려놓게 되듯이 그렇게 된다. 마음이 더럽혀져 있기 때문에 참으로 이 같은 사람은 나쁜 경지에 태어난다.

또한 이렇게 세존께서 설하셨다고 나는 들었다.

이상, 제 2 장
끝맺는 시구

어리석음⑪과 성냄⑫, 원한⑬, 어리석음⑭과 탐욕⑮, 배워야 할 것이 있는 자⑯·⑰ 두 가지. 분열⑱과 기쁨에 넘침⑲ 및 사람⑳. 이상을 제 2 장이라 한다.

1부
제 3 장

21. 맑디맑은 마음

바로 이와 같은 것을 아라한 세존께서 설하셨다고 나는 들었다.

"비구들이여! 이 세상에는 마음이 맑디맑은 사람이 얼마든지 있다. 나는 내 마음으로 그와 같은 사람의 마음을 꿰뚫어 다음과 같이 안다. 즉, 이 사람은 때가 되어 죽음을 맞이할 때 짐을 내려놓듯이 즉시 좋은 경지에 태어나게 되리라. 그것은 무엇 때문인가? 비구들이여! 그의 마음이 맑기 때문이다. 실로 비구들이여! 그렇게 이 세상을 살아가는 사람들은 마음이 깨끗하기 때문에 죽어서 몸이 부서진 직후에 즐거운 경지인 하늘에 태어나게 된다."

이렇게 세존께서 말씀하시며 그에 관해 다음과 같이 설하셨다.

이 세상에는 마음이 깨끗한 사람이 얼마든지 있다. 성현은 그것을 아시고 비구들 앞에서 다음과 같이 선언하신다.

때가 되어 이 사람은 죽음을 맞이할 것이다.

이러한 사람들은 마치 짐을 나르다가 내려놓듯이 그렇게 된다. 마음이 깨끗하기 때문에 실로 이 같은 사람은 즐거운 경지에 태어나게 된다.

또한 이렇게 세존께서 설하셨다고 나는 들었다.

22. 두 가지 이득

바로 이와 같은 것을 아라한 세존께서 설하셨다고 나는 들었다.

"비구들이여! 공덕을 두려워하지 말라. 비구들이여! 공덕은 안락을 의미하며, 사람이 바라는 것, 원하는 것, 즐거운 것을 의미한다. 다시 말하면 비구들이여! 오래도록 공덕을 쌓으면 오랜 시간에 걸쳐 원하고 바라던 즐거운 그 결과를 누리리라는 것을 나는 알고 있다. 나는 7년간 자비심을 닦은 후 그 과보에 따라 세계가 일곱 차례 생성과 소멸을 거듭하는 동안 이 세상으로 돌아오지 않았다. 비구들이여! 나는 세계가 붕괴해 가는 동안에 실은 광음천²⁾에 있었던 것이다. 또 세계가 생성되어 가는 동안에는, 아직 천신이 머문 적 없는 공허한 범천궁에서 살아가고 있었던 것이다. 비구들이여! 실로 그곳에서의 나는 범천이요, 대범천³⁾이며, 정복자요, 일찍이 정복받지 못했던 자이며, 모든 것을 보는 자요, 최고의 권위를 가진 자였다. 그리고 비구들이여! 나는 열여섯 번도 넘게 온갖 하늘의 제왕인 제석천[4]이었다. 나는 수백 번도 넘게 정의를 지키는 군주였고 사방에 그 위세를 떨친 정복자였고 내 통치하에 있던 나라들을 잘 다스렸다. 일곱 가지 보배를 가진 전륜성왕[5]이었다. 지방의 작은 왕국에까지 위광이 미쳤음은 말할 나위도 없다.

비구들이여! 그에 관해 다음과 같이 생각이 일어났다. 내가 지금 이와 같이 위대한 세력과 위력이 있는 것은 내 어떠한 행위의 갚음 때문일까, 어떠한 행위의 결과 때문일까!

비구들이여! 이어서 이와 같은 생각이 떠올랐다. 내가 지금 이 같은 세력과 위력을 지닌 것은 나의 세 가지 행위의 결과이다. 그 과보이다. 즉, 보시와 자제와 금욕의 과보인 것이다."

이렇게 세존께서 말씀하시며 그에 관해 다음과 같이 설하셨다.

그는 미래의 안락의 기반이 되는 공덕을 닦아야 한다. 보시와 고요한 행동 그리고 자비심을 닦아야 한다.
안락을 부르는 이 세 가지를 닦아 현명한 사람은 증오하는 마음 없는 안락한 세계에 태어난다.

또한 이렇게 세존께서 설하셨다고 나는 들었다.

23. 공덕

바로 이와 같은 것을 아라한 세존께서 설하셨다고 나는 들

190

었다.

"비구들이여! 만일 어떤 사람이 한 가지를 닦고 실천한다면 그 사람은 두 가지 이익, 다시 말하면 현재의 이익과 내생의 이익을 얻게 된다. 그 한 가지란 어떤 것인가? 착한 일에 마음을 기울여 부지런히 노력하는 일이다. 비구들이여! 이 한 가지 일을 닦고 실천한다면 그 사람은 현세와 내생의 두 가지 이익을 얻을 것이다."

이렇게 세존께서 말씀하시며 그에 관해 다음과 같이 설하셨다.

어진 사람들은 공덕을 낳는 행위에 대해 마음을 기울여 부지런히 노력하는 것을 칭찬해 마지 않는다. 어진 사람들은 마음을 기울여 부지런히 노력하여 두 가지 이득을 얻는다.
현세의 이익과 내생의 이익을 올바로 이해하여 마음에 흔들림이 없는 사람이 어진 사람이라 불린다.

또한 이렇게 세존께서 설하셨다고 나는 들었다.

24. 베풀라 산

바로 이와 같은 것을 아라한 세존께서 설하셨다고 나는 들었다.

"비구들이여! 단 한 사람이 1겁 동안 미혹한 생을 거듭 지내오며 떠돌고 흘러다니면서 남긴 해골과 뼈를 쌓은 무더기는 저 베풀라 산(광보산, 廣普山 ; 라쟈가하를 에워싸고 있는 다섯 개

산 가운데 하나)과 같이 클 것이다. 설령 이 해골을 모으는 자는 있을지라도 쌓아놓은 해골이 없어지지는 않으리라."

이렇게 세존께서 말씀하시며 그에 관해 다음과 같이 설하셨다.

성현께서 이르시기를 단 한 사람이 1겁 동안에 남긴 해골을 쌓아 보자면 산과 같은 크기가 될 것이라 하셨다.

또한 그 해골산은 마가다국 라쟈가하(왕사성)에 있는 킷쟈쿠타(영취산)보다도 오히려 높고 베풀라 산만큼 크다고 말씀하셨다. 성스러운 진리, 다시 말하면 괴로움과 괴로움의 집기와 괴로움의 멸함과 팔정도인 괴로움을 멸하는 길을 올바른 지혜로 보는 까닭에, 저 사람은 최고 일곱 차례까지만 미혹한 생을 거듭 떠돌고 난 후 모든 속박을 소멸하여 괴로움의 끝에 이를 것이다.

또한 이렇게 세존께서 설하셨다고 나는 들었다.

25. 일부러 거짓말하는 일

바로 이와 같은 것을 아라한 세존께서 설하셨다고 나는 들었다.

"비구들이여! 사람이 한 가지 일을 감히 한다면 나는 그것을 가리켜 이렇게 말한다. '이 이상 그가 해서는 안 될 악한 행위는 없다.' 한 가지 일이란 무엇인가? 비구들이여! 일부러 거짓말하는 일이다."

이렇게 세존께서 말씀하시며 그에 관해 다음과 같이 설하셨

다.

한 가지 일을 감히 행하여, 다시 말하면 거짓말을 해서 다른 생을 염두에 두지 않는 사람에게 있어 이 이상으로 해서는 안 될 죄악이란 없다.

또한 이렇게 세존께서 설하셨다고 나는 들었다.

26. 보시

바로 이와 같은 것을 아라한 세존께서 설하셨다고 나는 들었다.

"비구들이여! 내가 알고 있는 바와 같이 만약 중생들이 베풀고 나누어 주는 일의 과보를 알고 있다면, 남에게 먹을 것을 베풀지 않고 혼자서만 먹지는 않을 것이다. 또한 물건을 아까워하는 번뇌의 때가 그들의 마음을 집착케 하거나 떠나지 못하게 하지는 않을 것이다. 그들에게 먹을 것의 마지막 한 모금이라도 남겨 두어 만약 그들로 인해 보시받는 사람이 있다면 그들은 그 사람에게 나누어 주지 않고 혼자만 먹는 일이 없을 것이다. 그러나 비구들이여! 실제로 중생들은 내가 아는 바와 같이 베풀고 나누어 주는 일의 과보를 알지 못하기 때문에 그들은 다른 사람에게 보시도 하지 않고 혼자 먹으며, 물건을 아끼는 번뇌의 때가 그들의 마음을 사로잡고 떠나지 못하게 하는 것이다."

이렇게 세존께서 말씀하시며 그에 관해 다음과 같이 설하셨

다.

　만일 중생들이 위대한 성현께서 설하신 바와 같이 다른 이에게 나누어 주는 일의 결과가 얼마나 큰가를 알게 된다면 깨끗한 마음에 의해 인색한 번뇌의 때를 없애 버릴 것이다. 베푼 물건은 커다란 결과를 가져오고 알맞은 시기에 그들은 성자들에게 베풀 것이다.

베푼 물건을 받기에 적당한 많은 이들에게 먹을 것을 베풀고 보시물을 바친 시주들은, 이 인간계에서 떠나 천상계로 간다.

천상계로 간 그들은 그곳에서 욕심껏 즐긴다. 인색함을 없앤 그들은 다른 이에게 나누어 주는 일의 과보를 누린다.

27. 자비심을 닦음

바로 이와 같은 것을 아라한 세존께서 설하셨다고 나는 들었다.

"비구들이여! 무릇 내세에서 천상계에 태어나는 원인이 되는 어떠한 공덕일지라도 그것들은 모두 집착을 떠나 자비로 가득 찬 마음의 16분의 1에도 미치지 못한다. 집착을 떠나 자비로 가득 찬 마음은 그들 공덕 있는 행동보다도 더욱 환히 빛나고 밝게 비치고 있다.

　예를 들면 비구들이여! 무릇 어떠한 별빛일지라도 그것은 달빛의 16분의 1에도 미치지 못한다. 달빛은 그보다 훨씬 환히 빛나며 밝게 비치고 있다. 바로 이와 같이 비구들이여! 무릇 내세에서 천상계에 태어나는 원인이 되는 어떠한 공덕일지라도 그것들은 모두 집착을 떠나 자비심으로 가득 찬 마음의 16분의 1에도 미치지 못한다. 집착을 떠나 자비로 가득 찬 마음은 그들 공덕보다도 더욱 환히 빛나고 밝게 비치고 있다.

예를 들면 비구들이여! 우계(雨季)의 마지막 한 달의 구름 한 점 없는 청량한 가을 하늘에 태양이 오르면, 태양은 공중에 있는 모든 빛나는 것과 어둠 속에 있는 모든 것보다 더 찬란하게 빛나고 환히 비춘다. 바로 이와 같이 비구들이여! 무릇 내세에서 천상계에 태어나는 원인이 되는 어떠한 공덕일지라도 그것은 모두 집착을 떠나 자비로 가득 찬 마음의 16분의 1에도 미치지 못한다. 집착을 떠나 자비로 가득 찬 마음은 그 공덕보다도 더욱 환히 빛나고 밝게 비치는 것이다.

예를 들면 비구들이여! 동터올 무렵 샛별은 환히 빛나고 밝게 비치고 있다. 바로 이와 같이 비구들이여! 무릇 내세에서 천상계에 태어나는 원인이 되는 어떠한 공덕일지라도 그것은 모두 집착을 떠나 자비로 가득 찬 마음의 16분의 1에도 미치지 못한다. 집착을 떠나 자비로 가득 찬 마음은 그 공덕보다도 더욱 환히 빛나고 밝게 비치는 것이다."

이렇게 세존께서 말씀하시며 그에 관해 다음과 같이 설하셨다.

마음이 해이해지는 일 없이 무한하게 자비로운 생각을 닦아 다음 생에 다시 태어나게 될 원인을 소멸한 사람은 미혹한 생에 속박되지 않는다.

만약 사람이 하찮은 생명에게마저도 증오하는 마음 없이 자비로워진다면 그는 그로 인해 착한 사람이 된다. 모든 목숨에 측은한 마음을 품은 성스러운 사람은 많은 공덕을 이루어낸다.

뭇 생류로 가득 찬 토지를 정복해서 말의 공희(供犧)나 사람의 공희, 산마파사제(祭)나 바쟈페이야제, 니락갈라제[6] 따위의 제사를 지내며 순례하는 성자와도 같은 왕들은, 수행이 잘 된 자비가 넘치는 마음을 가진 사람이 받는 공덕의 16분의 1도 누리지 못한다. 온갖 별이 무리를 지어 빛을 낸다 해도 달빛의 16분의 1에도 미치지 못하듯이.

죽이지 않고, 죽이게 하지 않으며, 정복하지 않고 정복하게 하지 않으며, 목숨 있는 모든 것에 대해 자비심을 품은 사람에게는 누구든지 원한을 갖지 않는다.

또한 이렇게 세존께서 설하셨다고 나는 들었다.

이상, 제3장
결말을 짓는 시구

맑디맑은 마음㉑, 두 가지 이득㉒, 공덕㉓, 베풀라 산㉔, 일부러 거짓말하는 일㉕, 보시㉖와 자비심을 닦음㉗.
이들 일곱 개의 경과 앞서의 스무 개의 경이, 한 가지 일에 대한 가르침인 27경전의 묶음(結集)이다.

이상으로 〈1부〉가 끝나고 이어서 두 가지 일에 대한 가르침, 다시 말하면 〈2부〉가 이어진다.

2 부
제 1 장

28. 두 가지를 갖춘 비구—하나

바로 이와 같은 것을 아라한 세존께서 설하셨다고 나는 들었다.

"비구들이여! 두 가지를 갖춘 비구는 현세에서 괴롭게 살아가며 애태우고 번민하여 지낸다. 그러므로 목숨이 끝나고 몸이 부서진 후 나쁜 경지가 기다리고 있다. 두 가지란 어떤 것인가? 모든 감각기관의 문을 보호하지 않는 것과, 밥을 먹을 때 적당한 양을 알지 못하는 것이다. 비구들이여! 이 두 가지를 갖춘 비구는 현세에서 괴롭게 살아가며 애태우고 번민하며 지낸다. 그러므로 목숨이 끝나고 몸이 부서진 뒤에 나쁜 경지가 기다리고 있는 것이다."

이렇게 세존께서 말씀하시며 그에 관해 다음과 같이 설하셨다.

　눈과 귀와 코, 그리고 혀와 몸과 의지라는 갖가지 문을 보호하지 않는 비구가, 밥 먹을 때 적당한 양을 알 리 없고 감각기관을 제어할 리도 없으니, 그는 몸과 마음의 고통이라는 두 가지 고통을 받는다.

번뇌라는 불에 태워지는 몸과 마음에 의해 이러한 사람은 밤낮없이 괴로워하며 지내고 있다.

또한 이렇게 세존께서 설하셨다고 나는 들었다.

29. 두 가지를 갖춘 비구—둘

　바로 이와 같은 것을 아라한 세존께서 설하셨다고 나는 들었다.

　"비구들이여! 두 가지를 갖춘 비구는 현세에서 즐거이 지내며 애태우거나 번민하지 않으며 지낸다. 그러므로 목숨이 끝나고 몸이 부서진 후에 즐거운 경지가 기다리고 있다. 두 가지란 어떤 것인가? 모든 감각기관의 문을 보호하는 것과 밥 먹을 때 적당한 양을 아는 것이다. 비구들이여! 이 두 가지를 갖춘 비구는 현세에서 즐겁게 지내며 애태우거나 번민하지 않으며 지낸다. 그러므로 목숨이 끝나고 몸이 부서진 후에 즐거운 경지가 그를 기다리고 있는 것이다."

　이렇게 세존께서 말씀하시며 그에 관해 다음과 같이 설하셨다.

　눈과 귀와 코, 그리고 혀와 몸과 의지라는 문을 보호하는 비구로

서, 밥 먹을 때 적당한 양을 알고 모든 감각기관을 제어한다면, 그
는 몸과 마음의 두 가지 즐거움을 누리게 된다.
번뇌라는 불에 타지 않는 몸과 마음으로 인해 이러한 사람은 밤낮
없이 즐겁게 살아가게 된다.

또한 이렇게 세존께서 설하셨다고 나는 들었다.

30. 태우는 것과 태우지 않는 것—하나

바로 이와 같은 것을 아라한 세존께서 설하셨다고 나는 들
었다.

"비구들이여! 두 가지가 있어 괴로움으로 사람을 태운다. 두
가지란 어떤 것인가? 비구들이여! 여기에 어떤 사람이 착한
일을 하지 않고 바른 일도 하지 않으며, 나쁜 경지로 나아간다
는 두려움으로부터 스스로를 구하고 돌보지 않으며 죄악과 과
실을 범하고 있다. 그는 '나는 착한 일을 하지 않았다'라고 말
하며 괴로움에 불타고, '나는 죄악을 범했다'라고 말하며 괴로
움에 불탄다. 비구들이여! 참으로 이 두 가지가 괴로움으로 사
람을 태우는 것이다."

이렇게 세존께서 말씀하시며 그에 관해 다음과 같이 설하셨
다.

몸으로 짓는 악한 행을 하고 또한 입과 뜻으로 짓는 악한 행을
하며 나아가 그 외에 다른 악하다고 일컬어지는 행을 하여, 착한
행을 하지 않고 수없이 많은 착하지 못한 행을 한 어리석은 자는

몸이 멸한 뒤에 지옥에 태어난다.

또한 이렇게 세존께서 설하셨다고 나는 들었다.

31. 태우는 것과 태우지 않는 것—둘

바로 이와 같은 것을 아라한 세존께서 설하셨다고 나는 들었다.

"비구들이여! 두 가지가 있으니 이것은 사람을 괴로움에 태우지 않는다. 두 가지란 어떤 것인가? 비구들이여! 여기에 어떤 사람이 착한 일과 바른 일을 하며 나쁜 경지로 나아간다는 두려움으로부터 스스로를 구하고 보호하여 악과 과실을 범하지 않고 거만하지 않다. 그는 '나는 착한 일을 하였다'라고 말하면서 괴로움에 불타지 않고 '나는 죄악을 범하지 않았다'라고 말하면서 괴로움에 불타지 않는다. 비구들이여! 참으로 이두 가지가 괴로움으로 사람을 태우지 않는 것이다."

이렇게 세존께서 말씀하시며 그에 관해 다음과 같이 설하셨다.

몸으로 짓는 악한 행을 버리고 또한 입과 뜻으로 짓는 악한 행을 버리며, 그 외에 악하다고 일컬어지는 다른 행도 버리고 착하지 않은 행은 하지 않고 수없이 많은 착한 행을 한 어진 사람은, 몸이 멸한 후에 하늘에 태어난다.

또한 이렇게 세존께서 설하셨다고 나는 들었다.

32. 다음 생의 모습—하나

바로 이와 같은 것을 아라한 세존께서 설하셨다고 나는 들었다.

"비구들이여! 두 가지를 갖춘 사람은 짐처럼 날려져 지옥으로 보내진다. 두 가지란 어떠한 것인가? 나쁜 습관과 나쁜 생각을 갖춘 것이다. 비구들이여! 참으로 이 두 가지를 갖춘 사람은 짐처럼 운반되어 지옥으로 보내진다."

이렇게 세존께서 말씀하시며 그에 관해 다음과 같이 설하셨다.

나쁜 습관과 나쁜 생각의 두 가지를 갖춘 저 어리석은 사람은 목숨이 끝나고 몸이 멸한 뒤에 지옥에 태어난다.

또한 이렇게 세존께서 설하셨다고 나는 들었다.

33. 다음 생의 모습—둘

바로 이와 같은 것을 아라한 세존께서 설하셨다고 나는 들었다.

"비구들이여! 두 가지를 갖춘 사람은 짐과 같이 운반되어져 하늘로 보내진다. 두 가지란 어떤 것인가? 착한 습관과 착한 생각을 갖춘 것이다. 비구들이여! 참으로 이 두 가지를 갖춘 사람은 짐처럼 운반되어 하늘로 보내진다."

이렇게 세존께서 말씀하시며 그에 관해 다음과 같이 설하셨다.

착한 습관과 착한 생각이라는 두 가지를 갖춘 저 어진 사람은 몸이 무너진 뒤에 하늘에 태어난다.

또한 이렇게 세존께서 설하셨다고 나는 들었다.

34. 노력

바로 이와 같은 것을 아라한 세존께서 설하셨다고 나는 들었다.

"비구들이여! 노력하는 일 없이 게으름을 부끄럽게 여기지 않는 비구는 깨달음에 어울리지 않고 열반[7]에 어울리지 않으며 다시없는 마음의 평안을 얻는 데에도 어울리지 않는다. 참으로 비구들이여! 노력하며 게으름을 부끄럽게 여기는 비구는 깨달음에 어울리고 열반에 어울리며 다시없는 마음의 평안함을 얻는 데에도 어울린다."

이렇게 세존께서 말씀하시며 그에 관해 다음과 같이 설하셨다.

노력하지 않고 게으른 것을 부끄럽게 여기지 않고, 나태하여 정진하지 않고 대단히 무기력하여 느리고 둔하며, 부끄러움을 알지 못해 공경하는 마음이 없는 그러한 비구는 으뜸가는 깨달음을 체득할 수 없다. 마음이 해이하지 않고 현명하며 고요하고, 안정되어 있으며 노력하고 게으른 것을 부끄럽게 여겨 부지런히 움직이는 사람

은 생사의 속박을 끊고 이 세상에서 으뜸가는 깨달음을 체득하게
되리라.

또한 이렇게 세존께서 설하셨다고 나는 들었다.

35. 비방하지 않음―하나

바로 이와 같은 것을 아라한 세존께서 설하셨다고 나는 들
었다.

"비구들이여! 사람을 비방하기 위하여, 감언이설로 사람들을
부추기기 위하여, 이익과 존경과 명성과 공덕을 얻기 위하여
범행을 실천하는 것이 아니다. 또한 '사람들에게 내가 이러이
러한 사람이라고 알려야겠다'라는 의도에서 범행을 실천하는
것이 아니다. 비구들이여! 범행을 실천하는 까닭은 스스로를
보호하기 위해서이며, 번뇌를 끊어 버리기 위함이다."

이렇게 세존께서 말씀하시며 그에 관해 다음과 같이 설하셨
다.

스스로를 보호하기 위해, 번뇌를 끊어 버리기 위해, 열반에 깊숙
이 들어가기 위해, 깨끗하여 번뇌로 애태우지 않는 행을 저 세존은
가르치신다.
위대한 성현의 이러한 길은 일찍이 위대한 사람들이 걸었던 길이
다. 성현이 설하신 대로 그 길을 향해 걸어간 사람들은 스승의 가
르침의 실천인이며, 그들은 괴로움의 끝을 이루어 낼 것이다.

또한 이렇게 세존께서 설하셨다고 나는 들었다.

36. 비방하지 않음—둘

바로 이와 같은 것을 아라한 세존께서 설하셨다고 나는 들었다.

"비구들이여! 사람을 비방하기 위하여, 감언이설로 사람들을 부추기기 위하여, 이익과 존경과 명성과 공덕을 얻기 위하여 범행을 실천하는 것이 아니다. 또한 '사람들에게 내가 이런 사람이라고 알려야겠다'라는 의도에서 범행을 실천하는 것이 아니다. 비구들이여! 범행을 실천하는 까닭은 사물을 환히 알기 위해서이며, 두루 알기 위함이다."

이렇게 세존께서 말씀하시며 그에 관해 다음과 같이 설하셨다.

사물을 환히 알기 위해, 두루 알기 위해, 열반에 깊숙이 들어가기 위해, 깨끗하여 번뇌로 애태우지 않는 행을 저 세존은 가르치신다. 위대한 성현의 이러한 길은 일찍이 위대한 사람들이 걸었던 길이다. 성현이 설하신 대로 그 길을 향해 걸어간 사람들은 스승의 가르침의 실천인이며, 그들은 괴로움의 끝을 이루어 낼 것이다.

또한 이렇게 세존께서 설하셨다고 나는 들었다.

37. 기쁨

바로 이와 같은 것을 아라한 세존께서 설하셨다고 나는 들었다.

"비구들이여! 두 가지를 갖춘 비구는 현세에서 많은 안락과 기쁨을 가지고 생활하며 번뇌의 더러움을 없애고자 올바로 노력하고 있다. 두 가지를 갖춘다는 것은 어떤 것인가? 싫어해야만 할 상태를 싫어하는 것과, 싫은 것에 대해 올바로 부지런히 노력하는 것이다. 비구들이여! 실로 이 두 가지를 갖춘 비구는 현세에서 수많은 안락과 기쁨을 가지고 생활하며 번뇌의 더러움을 없애고자 부지런히 노력한다."

이렇게 세존께서 말씀하시며 그에 관해 다음과 같이 설하셨다.

어질고 노력하는 현명한 비구는 바른 지혜로써 관찰하고 싫어해야만 할 상태를 싫어할 것이다. 이처럼 노력하고 고요히 생활하여, 흥분하는 일 없이 마음의 고요함을 실천하고 있는 사람은 괴로움의 소멸에 다다를 것이다.

또한 이렇게 세존께서 설하셨다고 나는 들었다.

이상, 제 1 장
끝맺는 시구

두 가지를 갖춘 비구㉘·㉙와, 태우는 것과 태우지 않는 것㉚·㉛과 다음 생의 모습㉜·㉝과, 노력㉞과 비방하지 않음㉟·㊱과 기쁨㊲. 이상 이들 열 개의 경이 설해지고 있다.

2 부
제 2 장

38. 사유

바로 이와 같은 것을 아라한 세존께서 설하셨다고 나는 들었다.

"비구들이여! 아라한이며 올바로 깨달은 분이신 여래에게는 종종 두 가지 사유가 일어난다. 평온함에 대한 사유와 세속적인 혼돈으로부터 떠난 은둔에 대한 사유이다. 비구들이여! 여래는 남을 해치지 않는 것에 대해 기뻐하고 즐거워한다. 비구들이여! 이처럼 남을 해치지 않는 것을 기뻐하고 즐거워하는 여래에게는 종종 다음과 같은 사유가 일어난다. '나는 이 같은 태도로써 움직이거나 움직이지 않는 것을 해치지 않는다.'

비구들이여! 여래는 세속적인 혼돈으로부터 떠난 은둔을 기뻐하고 즐긴다. 비구들이여! 은둔을 기뻐하고 즐기는 여래에게는 종종 다음과 같은 사유가 일어난다. '착하지 않은 것, 그것은 버리고 떠나야 할 것이다.'

그러므로 비구들이여! 그대들도 또한 남을 해치지 않는 것을 기뻐하고 즐거워하며 지내야 한다. 비구들이여! 그처럼 남을 해치지 않는 것을 기뻐하고 즐거워하며 지내는 그대들에게는 종종 다음과 같은 사유가 일어날 것이다.

'우리는 이 같은 태도로써 움직이거나 움직이지 않는 것을 해치지 않는다.'

비구들이여! 세속적인 혼돈으로부터 떠난 은둔을 기뻐하고 즐거워해야 한다. 비구들이여! 그처럼 은둔을 기뻐하고 즐거워하는 그대들에게는 종종 다음과 같은 사유가 일어난다. '무엇이 착하지 않은 것인가? 버리고 떠나지지 않는 것은 무엇인가? 우리가 버리고 떠나야 할 것은 무엇인가?'"

이렇게 세존께서 말씀하시며 그에 관해 다음과 같이 설하셨다.

다른 이들이 버리고 떠나지 못한 것을 버리고 떠난 성현인 여래에게는 두 가지 사유가 일어난다. 첫째는 평온함에 대한 사유라 불리는 것이고 이어서 두 번째는 은둔에 대한 사유라 이름하는 것이다.

어둠을 없애 피안으로 간 위대한 성현은 그 이득을 얻어 힘이 있으며, 번뇌의 더러움이 없고, 모든 탐욕의 마음을 멸한 해탈을 얻은 자이다. 참으로 그 성현은 더 이상 미혹한 생을 되풀이하는 일 없는 마지막 몸을 가진 자이며 거만한 마음을 끊고 늙고 쇠약함을 뛰어넘었다고 나는 선언한다.

산 정상의 바위에 우뚝 서서 두루 사람들을 내려다보듯이 그와 같이 진실함으로 이루어진 오묘한 지혜의 저 높은 누각에 올라 일체를 바라보는 사람은 근심을 떠난 사람이요, 생사에 번민하며 근심에 젖은 이들을 두루 살핀다.

또한 이렇게 세존께서 설하셨다고 나는 들었다.

39. 교설

바로 이와 같은 것을 아라한 세존께서 설하셨다고 나는 들었다.

"비구들이여! 아라한이며 올바르게 깨달은 분인 여래에게는 두 가지 교설이 잇달아 일어난다. 두 가지란 어떤 것인가? '죄악을 죄악으로 보라'는 것이 첫번째 교설이다. '죄악을 죄악으로 인지하고 그것을 싫어하고 떠나라. 그것을 탐착하는 데서 떠나라. 벗어나라'는 것이 두 번째 교설이다. 비구들이여! 아라한이며 올바르게 깨달은 분인 여래에게는 이 두 가지 교설이 잇달아 일어난다."

이렇게 세존께서 말씀하시며 그에 관해 다음과 같이 설하셨다.

모든 존재에 대하여 깊은 연민을 품은 성자인 여래께서 설하신 두 가지의 교설을 계속하여 알아라.

즉, 죄악을 분명하게 보아라. 그리고 또한 그것에 대한 탐착에서 떠나라. 죄악으로부터 탐욕을 떠난 사람들의 마음에는 괴로움의 끝이 찾아오리라.

또한 이렇게 세존께서 설하셨다고 나는 들었다.

40. 깨달음

바로 이와 같은 것을 아라한 세존께서 설하셨다고 나는 들었다.

"비구들이여! 어리석음(無明)은 착하지 않은 것에 도달하기 위한 길잡이가 된다. 그리하여 스스로 부끄러워하는 마음이 없는 것(無慚)과, 남에게 부끄러워하는 마음이 없는 것(無愧)이 이 어리석음을 따라 일어난다.

그러나 비구들이여! 깨달음(明)은 착한 것에 도달하기 위한 길잡이가 된다. 이 깨달음을 따라 스스로 부끄러워하는 마음과 남에게 부끄러워하는 마음이 일어나는 것이다."

이렇게 세존께서 말씀하시며 그에 관해 다음과 같이 설하셨다.

모든 악한 경지는 현세에도 내세에도 존재한다. 악한 경지는 모든 어리석음을 근본으로 그 위에 욕망과 탐욕이 더하여 이루어진 것이다. 또한 삿된 욕망이 있는 까닭에 부끄러워하는 마음도, 남을 공경하는 마음도 없다. 따라서 그에게는 죄악이 일어나며 죄악으로 인해 괴로운 경지로 나아간다.
그러므로 욕망과 탐욕과 어리석음을 떠나 깨달음을 이룬 비구는 모든 악한 경지를 떠나 버릴 것이다.

또한 이렇게 세존께서 설하셨다고 나는 들었다.

41. 지혜

바로 이와 같은 것을 아라한 세존께서 설하셨다고 나는 들었다.

"비구들이여! 성스러운 지혜가 부족한 중생들은 참으로 지혜롭지 못한 자이다. 그들은 현세에서 괴롭게 지내며 애태우고 번민하고 고뇌하며 지낸다. 그러므로 목숨이 끝나고 몸이 부서진 뒤에 나쁜 경지가 기다리고 있다.

비구들이여! 성스러운 지혜가 부족하지 않은 중생들은 지혜로운 자이다. 그들은 현세에서 즐겁게 지내며 애태우거나 번민하고 고뇌하며 지내지 않는다. 그러므로 목숨이 끝나고 몸이 부서진 뒤에 좋은 경지가 기다리고 있다."

이렇게 세존께서 말씀하시며 그에 관해 다음과 같이 설하셨다.

사람은 저열한 지혜로 인해 천상계를 포함한 세계를 보고 이름과 색(名色)에 붙들려 이것이 진실하다고 생각한다.

그러나 지혜는 이 세상에서 으뜸이며, 통찰력을 이끄는 것이다. 그리고 또한 괴로운 생의 완전한 멸진을 올바르게 아는 것이다.

그러므로 잘 깨달은 이로서, 깊은 사색을 하고 지혜를 갖추어 더 이상 미혹한 생을 되풀이하지 않고 마지막 몸을 가진 이들을 미혹한 천신들과 인간들은 부러워하는 것이다.

또한 이렇게 세존께서 설하셨다고 나는 들었다.

42. 법

바로 이와 같은 것을 아라한 세존께서 설하셨다고 나는 들었다.

"비구들이여! 두 가지 착한 법이 세상을 보호하는 것이다. 두 가지란 무엇인가? 스스로 부끄러워하는 마음과 남에게 부끄러워하는 마음이다. 비구들이여! 만일 이 두 가지 착한 법이 세상을 보호하지 않는다면 어머니와 어머니의 자매, 어머니의 형제의 아내라는 구별이라든가 선생의 아내와 여러 스승의 아내라는 것 등이 식별되지 않을 것이다. 마치 산양(山羊)과 양, 수탉과 수퇘지, 개와 쟈칼의 경우처럼 세상은 혼란에 빠지고 말 것이다. 그러나 비구들이여! 이 두 가지 착한 법이 세상을 보호하고 있기 때문에 어머니와 어머니의 자매, 어머니의 형제의 아내라는 구별과 선생의 아내와 여러 스승의 아내들이라는 구별이 식별되고 있다."

이렇게 세존께서 말씀하시며 그에 관해 다음과 같이 설하셨다.

참으로 스스로 부끄러워하는 마음과 남에게 부끄러워하는 마음을 갖고 있지 않다면 그들은 좋은 가문에 들어 있어도 미혹한 삶을 계속하는 자이다.

그러나 스스로 부끄러이 여기는 마음과 남에게 부끄러이 여기는 마음을 항상 바르게 지니고 있다면 그들은 청정한 생활을 밀고 나가는 사람이며, 미혹한 재생(再生)을 멸한 사람이다.

또한 이렇게 세존께서 설하셨다고 나는 들었다.

43. 나지 않은 것

바로 이와 같은 것을 아라한 세존께서 설하셨다고 나는 들었다.

"비구들이여! 나지 않은 것(無生), 존재하지 않는 것(無有), 만들어지지 않은 것(無作) 그리고 이루어지지 않은 것(無爲)이 있다. 비구들이여! 만약 우리에게 나지 않은 것과 존재하지 않는 것, 만들어지지 않은 것과 이루어지지 않은 것이 있지 않다면, 현세에서 난 것, 존재하는 것, 만들어진 것, 이루어진 것으로부터의 벗어남(미혹한 생으로부터의 해방)은 분명하게 알지 못했을 것이다. 그러나 비구들이여! 나지 않은 것, 존재하지 않는 것, 만들어지지 않은 것 그리고 이루어지지 않은 것이 있다. 그러므로 난 것, 존재하는 것, 만들어진 것 그리고 이루어진 것으로부터의 벗어남이 분명하게 알려지는 것이다."

이렇게 세존께서 말씀하시며 그에 관해 다음과 같이 설하셨다.

나고 존재하며, 일어나고 만들어지고 이루어졌으며 변하는 것이고, 늙고 죽음이 모여 있는 병균의 덩어리로서 부서지기 쉽고 먹이로써 유지되는 육체에는 기뻐할 만한 것이 그리 없다.
육체로부터의 벗어남은 올바른 것이며 언제나 추론의 범위를 벗어난 변함없는 것이다. 나지 않고 일어나지 않으며, 근심 없고 티끌 없는 길은 온갖 괴로움이 모두 멸한 길이며, 만들어진 것이 평안한 길이며, 다시없이 복된 길이다.

또한 이렇게 세존께서 설하셨다고 나는 들었다.

44. 경지

바로 이와 같은 것을 아라한 세존께서 설하셨다고 나는 들었다.

"비구들이여! 열반의 경지에 두 가지가 있다. 어떤 것이 두 가지인가? 유여의열반(有餘依涅槃 ; 육체가 아직 남아 있는 열반)의 경지와 무여의열반(無餘依涅槃 ; 육체까지도 모두 멸한 열반)의 경지이다.

비구들이여! 유여의열반의 경지란 어떤 것인가? 비구들이여! 이 세상에서 존경을 받을 만한 비구는 마음의 더러움을 모두 없애고 이미 완성되었고 해야 할 일을 모두 하여 마음의 짐을 덜었다. 그는 자기의 목적에 도달하여 미혹한 생의 속박을 끊고 올바른 완전지(完全智)로써 해탈을 얻고 있다. 그러나 그의 다섯 가지 감각기관(눈·귀·코·혀·몸)은 아직 계속 남아 있으므로 좋아하는 것과 그렇지 않은 것을 경험하고 즐거움과 괴로움도 느끼는 것이다. 그는 욕심을 멸하고 성냄도 멸하고 어리석음도 멸한 사람으로 이것이 바로 유여의열반의 경지이다.

"비구들이여! 또한 무여의열반의 경지란 어떤 것인가? 비구들이여! 현세에서 존경받는 비구는 마음의 더러움을 모두 없애고 이미 완성되었고 해야 할 일을 모두 하여 마음의 짐을 덜었다. 그는 자기의 목적에 도달하여 미혹한 생의 속박을 끊고 올바른 완전지로써 해탈을 얻고 있다. 그러므로 비구들이여! 그는 자신의 생활에서 느껴지는 모든 것에 대하여 기쁨이 없으며 냉정하고 침착해지는 것이다. 이것이 무여의열반이다. 비구들이여! 이것이 두 가지 열반의 경지이다."

이렇게 세존께서 말씀하시며 그에 관해 다음과 같이 설하셨다.

두 가지 열반의 경지는 모든 것에 집착하지 않으며 눈을 가진 사람에게 환히 드러난다. 하나의 경지는 현세에서 미혹한 생존으로 이끄는 것(집착)이 모두 멸하고 육체만이 남아 있는 경지이며, 또 다른 경지는 내생에서의 생이 모두 그치어 남김 없는 경지이다.
생멸을 뛰어넘은 절대불변한 진리를 알아 미혹한 생으로 이끄는 것을 멸해서 마음이 해방된 사람은 진리의 정수에 도달하여 멸진을 기뻐하는 자이고, 이리하여 모든 존재를 떠나 버린다.

또한 이렇게 세존께서 설하셨다고 나는 들었다.

45. 은둔

바로 이와 같은 것을 아라한 세존께서 설하셨다고 나는 들었다.

"비구들이여! 은둔생활을 기뻐하라. 은둔생활을 즐기며 스스로의 내면에 정신적인 평정을 실천하며 집중하기를 게을리하지 말며, 통찰력을 갖추어 아무도 없는 곳에서 스스로를 기르며 지내야 한다. 비구들이여! 만약 그와 같이 행하는 자가 있다면 두 가지 과보 가운데 하나가 그를 기다리고 있다. 즉, 현생에서의 완전한 지혜인 아라한과[8]든가 그렇지 않으면 번뇌가 아직 남아 있어도 이 미혹한 세계로 되돌아오지 않는 경지인 불환과(不還果)가 그것이다."

이렇게 세존께서 말씀하시며 그에 관해 다음과 같이 설하셨다.

마음이 고요하여 현명하고 사려 깊고 정신통일이 잘 된 사람은 온갖 욕망에 미련 두지 않고 올바르게 사물을 관찰한다.
정진하기를 즐기며 마음이 고요한 사람은 게으름에 두려움을 품은 이로서 결코 물러서지 않고 열반으로 다가가는 자이다.

또한 이렇게 세존께서 설하셨다고 나는 들었다.

46. 수행

바로 이와 같은 것을 아라한 세존께서 설하셨다고 나는 들었다.

"비구들이여! 수행의 공덕과 으뜸가는 지혜, 해탈의 정수와 훌륭한 기억(四念處觀[9])을 가지고 생활해야 한다. 이 같은 사람에게는 두 가지 과보 가운데 하나가 기다리고 있다. 즉, 현세에서 완전한 지혜를 갖춘 아라한과든가 그렇지 않으면 아직 번뇌가 남아 있어도 이 미혹한 세상으로 되돌아오지 않는 경지인 불환과가 그것이다."

이렇게 세존께서 말씀하시며 그에 관해 다음과 같이 설하셨다.

모든 수행을 마치고 흔들림이 없이 으뜸가는 지혜와 생의 종극을 깨달은 저 성현이야말로 더 이상 미혹한 생을 되풀이하는 일 없는 마지막 몸을 가진 분으로, 거만한 마음을 끊고 늙고 쇠함을 뛰어넘으셨다고 나는 선언한다.

그러므로 언제나 정신통일을 즐겨 마음이 평정한 사람은 부지런한 사람으로 그 끝을 아는 자이다. 비구들이여! 악마의 세력을 정복하여 생사를 초월하는 사람이 되라.

또한 이렇게 세존께서 설하셨다고 나는 들었다.

47. 깨어 있음

바로 이와 같은 것을 아라한 세존께서 설하셨다고 나는 들었다.

"비구들이여! 비구는 깨어 있어야만 하며, 기억하고 사려 깊고 마음이 평정하고, 기쁨이 크고 청정하게 지내야 한다. 이같은 상태에서 비구는 갖가지 좋은 일에 적당한 때를 알게 되는 것이다. 비구들이여! 이 같은 비구에게는 두 가지 과보 가운데 하나가 기다리고 있으니 즉, 현세에서 아라한과가 되는 것과 그렇지 않으면 번뇌가 남아 있어도 이 미혹한 세계로 되돌아오지 않는 경지인 불환과이다."

이렇게 세존께서 말씀하시며 그에 관해 다음과 같이 설하셨다.

눈뜬 자는 이것을 듣고, 잠들어 있는 자는 잠에서 깨어라! 눈뜬 자는 잠든 이보다 훌륭하고 두려움도 없다.

깨어 있는 사람, 기억하는 사람, 사려 깊은 사람, 마음이 평정하고 기쁨이 있고 청정한 사람, 그는 때맞춰 사물을 올바로 파악하고 마음을 기울여 어리석음의 암흑을 소멸한다.

그러므로 그대들은 반드시 잠에서 깨는 일을 가까이하라. 부지런히 선정을 닦는 현명한 비구는 생사의 속박을 끊고 이 세상에서 위없는 깨달음을 얻을 것이다.

또한 이렇게 세존께서 설하셨다고 나는 들었다.

48. 괴로운 경지

바로 이와 같은 것을 아라한 세존께서 설하셨다고 나는 들었다.

"비구들이여! 두 가지 경우의 사람은 이것을 버리지 않기 때문에 괴로운 경지와 지옥에 떨어진다. 두 가지 경우의 사람이란 어떤 사람인가? 깨끗하게 지내지 않으면서도 깨끗하게 지내고 있다고 자부하는 사람, 그리고 완벽하게 한 점 티끌도 없이 깨끗하게 지내는 사람을 부정하게 지내고 있다고 근거도 없이 비방하는 사람이다. 비구들이여! 참으로 이 두 가지 경우의 사람들은 이것을 버리지 못하기 때문에 괴로운 경지와 지옥에 떨어지는 것이다."

이렇게 세존께서 말씀하시며 그에 관해 다음과 같이 설하셨다.

거짓말하는 자는 지옥에 떨어진다. 또한 스스로 했으면서도 '나는 하지 않았다'라고 말하는 자도 있다. 이 두 사람은 비열한 행위를 한 자이며 죽은 후에 나란히 내생을 더듬는다.

설령 사람들이 가사(袈裟)를 둘렀더라도 사악한 것을 자제하지 못한다면, 그 같은 악인은 그 행위로 인해 다시 지옥에 태어난다.

계를 어기는 사람, 자제하지 못하는 사람은 나라에서 베푸는 음식을 먹으니 차라리 불꽃같이 달아오른 쇳덩이를 먹는 편이 나으리라.

또한 이렇게 세존께서 설하셨다고 나는 들었다.

49. 견해

바로 이와 같은 것을 아라한 세존께서 설하셨다고 나는 들었다.

"비구들이여! 두 가지 견해로 인해 편견을 품고 있는 천신과 인간이 있다. 즉, 어떤 사람들은 집착하고 어떤 사람들은 초월해 있다. 그러나 진실을 보는 눈을 가진 사람들은 이것을 올바르게 알고 있다.

그런데 비구들이여! 어떤 사람들은 집착하고 있다는 말이 무엇을 가리키는가? 비구들이여! 존재를 기뻐하고 즐기며 존재를 좋아하는 천신과 인간으로서는 성현이 존재의 멸진에 관한 가르침을 베풀어도 그들의 마음은 기쁨으로 뛰지 않고, 깨끗해지지 않고, 안주하지도 않고 그것을 믿고 이해하지도 않는다. 비구들이여! 실로 이것이 어떤 사람들은 집착하고 있다고 말하는 것이다.

다음으로 비구들이여! 어떤 사람들이 초월해 있다는 말은 무엇을 가리키는가? 틀림없이 어떤 사람들은 늙고 병듦과 죽음 따위의 존재 때문에 괴로워하고 부끄러워하고 도망치는 등 소멸론(消滅論)을 매우 즐긴다. 즉, '벗이여! 우리라는 것은 육체가 멸한 후에 부서지고 소실되어 버려 그 이후의 죽음은 더이상 존재하지 않는다. 이것은 편안함이며, 훌륭함이고 진실한 것이다'라고 말한다. 비구들이여! 실로 이것이 어떤 사람들이 초월해 있다고 말하는 것이다.

또한 비구들이여! 진실을 보는 눈을 가진 사람은 이것을 올바르게 안다고 했는데 이것은 무슨 뜻인가? 비구는 현세에서 존재하고 있는 것을 존재하고 있는 것으로 알고 있다. 그리고 존재하고 있는 것을 존재하고 있는 것으로 깨닫고, 존재하고 있는 것에 집착하지 않고 탐욕을 떠났으므로 그 멸진을 향해 나아가고 있는 사람이 있다. 비구들이여! 실로 이것이 '진실을 보는 눈을 가진 사람은 이것을 올바르게 알고 있다'고 말하는 것이다."

이렇게 세존께서 말씀하시며 그에 관해 다음과 같이 설하셨다.

　존재하는 것을 존재하는 것으로 깨닫고 존재하는 것을 뛰어넘은 사람은 존재를 향한 갈망을 완전히 소멸하여 진실한 상태(열반)에서 해탈을 얻는다.

만약 존재하는 것을 잘 안다면, 그는 존재와 비존재를 향한 갈망을 떠날 것이다. 이와 같은 비구는 존재하는 것이 없고 미혹한 생으로 나아가는 일은 없다.

또한 이렇게 세존께서 설하셨다고 나는 들었다.

이상, 제 2 장
끝맺는 시구

감각기관, 두 경 ㉘ · ㉙. 태우는 것, 두 경 ㉚ · ㉛, 습(習)에 의한 다음 세계, 두 경 ㉜·㉝. 게으른 것을 부끄럽게 여기지 않는 사람㉞. 비방함, 두 경 ㉟·㊱, 싫어해야만 할 것㊲을 내용으로 하는 이상의 10경과, 사유㊳, 교설㊴, 깨달음㊵, 지혜㊶, 법㊷에 의한 이상의 5경과 나지 않은 것㊸, 경지㊹, 은둔㊺, 수행㊻, 깨어 있음㊼ 그리고 괴로운 경지㊽, 견해㊾. 이렇게 해서 이상으로 〈2부〉의 22경이 밝혀져 있다.

이상으로 〈2부〉가 끝났다.

3 부
제 1 장

50. 원인

바로 이와 같은 것을 아라한 세존께서 설하셨다고 나는 들었다.

"비구들이여! 착하지 않은 것의 원인에는 세 가지가 있다. 세 가지란 무엇인가? 욕심은 착하지 않은 것의 원인이다. 성냄과 어리석음은 착하지 않은 것의 원인이다. 비구들이여! 바로 이것이 착하지 않은 것의 세 원인이다."

이렇게 세존께서 말씀하시며 그에 관해 다음과 같이 설하셨다.

욕심과 성냄과 어리석음은 그 사람 자신으로부터 생겨난 것이며 나쁜 마음을 품어 사람을 해친다. 마치 열매가 달린 대나무가 저절로 시드는 것처럼.

또한 이렇게 세존께서 설하셨다고 나는 들었다.

51. 영역

바로 이와 같은 것을 아라한 세존께서 설하셨다고 나는 들었다.

"비구들이여! 세 가지 영역이 있다. 세 가지란 어떤 것인가? 물질적인 존재의 영역, 물질적인 존재가 없는 영역, 깨달음의 영역이 그것이다. 비구들이여! 바로 이것이 세 가지 영역이다."

이렇게 세존께서 말씀하시며 그에 관해 다음과 같이 설하셨다.

물질적인 존재의 영역을 모두 알아서 물질적인 존재가 없는 영역에 잘 머무르고 깨달음의 영역에서 해탈을 얻은 사람들은 죽음을 버린 사람이다. 번뇌가 없어지고 올바르게 깨달은 성현은 몸을 가지고 죽음이 없는 영역에 닿고, 집착의 원인이 되는 이 몸과 마음을 떠나며, 집착의 기반을 떠난 것을 밝혀 근심 없고 티끌 없는 길을 설한다.

또한 이렇게 세존께서 설하셨다고 나는 들었다.

52. 느낌—하나

바로 이와 같은 것을 아라한 세존께서 설하셨다고 나는 들었다.

"비구들이여! 세 가지 느낌이 있다. 세 가지란 어떤 것인가? 즐겁다는 느낌, 괴롭다는 느낌, 즐겁지도 괴롭지도 않다는 느낌이다. 비구들이여! 바로 이것이 세 가지 느낌이다."

이렇게 세존께서 말씀하시며 그에 관해 다음과 같이 설하셨다.

마음이 안정되고 깊이 생각하는 성현의 제자는 느낌과 느낌의 일어남을 안다.

그 마음이 멸하는 것과 멸함에 이르는 길을 안다. 느낌을 소멸한 비구는 욕심 없는 자, 열반에 든 자이다.

또한 이렇게 세존께서 설하셨다고 나는 들었다.

53. 느낌―둘

바로 이와 같은 것을 아라한 세존께서 설하셨다고 나는 들었다.

"비구들이여! 세 가지 느낌이 있다. 세 가지란 어떤 것인가? 즐겁다는 느낌, 괴롭다는 느낌, 즐겁지도 괴롭지도 않다는 느낌이다.

비구들이여! 즐겁다는 느낌은 괴로움이라고 알아야 한다. 괴롭다는 느낌은 독화살이라고 알아야 한다. 즐겁지도 괴롭지도 않다는 느낌은 덧없다고 알아야 한다.

비구들이여! 세 가지 느낌에 대해 실로 이렇게 알았을 때 그 비구는 성자이며 올바로 깨달은 이라고 일컬어진다. 그는

탐욕의 마음을 끊고 번뇌의 속박을 물리쳐 마음의 흥분을 올
바르게 관찰함으로써 괴로움을 멸하게 된다."

이렇게 세존께서 말씀하시며 그에 관해 다음과 같이 설하셨
다.

즐거움을 괴로움이라 알고, 괴로움을 독화살이라 알며, 즐겁지도
괴롭지도 않은 느낌을 덧없다고 바르게 알게 된다면, 바르게 안 비
구는 그로 인해 여기에서 해탈을 얻어 뛰어난 능력을 깨닫고 번뇌
의 속박을 뛰어넘은 현명한 성자이다.

또한 이렇게 세존께서 설하셨다고 나는 들었다.

54. 구하는 마음─하나

바로 이와 같은 것을 아라한 세존께서 설하셨다고 나는 들
었다.

"비구들이여! 세 가지 구하는 마음이 있다. 세 가지란 어떤
것인가? 욕망의 즐거움을 구하는 마음, 생(生)을 구하는 마음,
청정행에 따른 명성을 구하는 마음이다. 비구들이여! 참으로
이것이 세 가지 마음이다."

이렇게 세존께서 말씀하시며 그에 관해 다음과 같이 설하셨
다.

마음이 안정되고 사려 깊은 성현의 제자는 구하는 마음과 구하는
마음의 일어남을 안다.

그 마음이 멈추는 것과 소멸에 이르는 길을 알아 구하는 마음을 소

멸한다면 비구는 욕심 없는 사람, 열반에 든 사람이다.

또한 이렇게 세존께서 설하셨다고 나는 들었다.

55. 구하는 마음—둘

바로 이와 같은 것을 아라한 세존께서 설하셨다고 나는 들었다.

"비구들이여! 세 가지 구하는 마음이 있다. 세 가지란 어떤 것인가? 욕망의 즐거움을 구하는 마음, 생(生)을 구하는 마음, 청정행에 따른 명성을 구하는 마음이다. 비구들이여! 이것이 바로 세 가지 구하는 마음이다."

이렇게 세존께서 말씀하시며 그에 관해 다음과 같이 설하셨다.

욕망의 즐거움을 구하는 마음, 생을 구하는 마음, 이 세 가지의 쌓임은, 이것은 진실하다고 잘못 집착하는 일이며 그릇된 견해를 일으키는 바이다.

모든 탐욕을 떠나고 탐욕의 마음을 멸하여 완전한 정신적인 자유를 얻은 사람은 구하는 마음을 떠나고 그릇된 견해를 일으키기를 송두리째 멸하였다. 구하는 마음의 소멸로 인해 비구는 욕심이 없어지고 의심이 없어진다.

또한 이렇게 세존께서 설하셨다고 나는 들었다.

56. 마음의 더러움

바로 이와 같은 것을 아라한 세존께서 설하셨다고 나는 들었다.

"비구들이여! 세 가지 마음의 번뇌가 있다. 세 가지란 어떤 것인가? 애욕의 번뇌, 존재의 번뇌 그리고 어리석음의 번뇌이다. 비구들이여! 바로 이것이 세 가지 마음의 번뇌이다."

이렇게 세존께서 말씀하시며 그에 관해 다음과 같이 설하셨다.

마음이 안정되고 사려 깊은 성현의 제자는 갖가지 마음의 번뇌와 마음의 번뇌의 일어남을 안다. 그 마음이 멈추는 것과 소멸에 이르는 길을 알아 마음의 번뇌를 소멸한다면 비구는 욕심이 없는 사람, 열반에 든 사람이다.

또한 이렇게 세존께서 설하셨다고 나는 들었다.

57. 마음의 번뇌

바로 이와 같은 것을 아라한 세존께서 설하셨다고 나는 들었다.

"비구들이여! 세 가지 마음의 번뇌가 있다. 세 가지란 어떤 것인가? 애욕의 번뇌, 존재의 번뇌 그리고 어리석음의 번뇌이다. 비구들이여! 바로 이것이 세 가지 마음의 번뇌이다."

이렇게 세존께서 말씀하시며 그에 관해 다음과 같이 설하셨다.

애욕의 번뇌를 모두 멸하고, 어리석음을 떠났으며, 존재의 번뇌를 소멸해서 집착의 근본이 되는 이 몸과 마음이 없이 해탈을 얻은 사람은 악마의 세력을 정복해서 더 이상 미혹한 생을 되풀이하지 않는다.

또한 이렇게 세존께서 설하셨다고 나는 들었다.

58. 탐욕의 마음

바로 이와 같은 것을 아라한 세존께서 설하셨다고 나는 들었다.

"비구들이여! 세 가지 탐욕의 마음이 있다. 세 가지란 어떤 것인가? 애욕을 구하는 탐욕의 마음, 존재를 구하는 탐욕의 마음, 존재의 사라짐(滅無)이 되기를 구하는 탐욕의 마음이다. 비구들이여! 바로 이것이 세 가지 탐욕의 마음이다."

이렇게 세존께서 말씀하시며 그에 관해 다음과 같이 설하셨다.

애욕의 속박에 묶여, 존재와 존재의 사라짐에 마음이 더럽혀지고 악마의 속박에 묶인 사람들은 마음이 쉬지 못한다. 미혹한 세계에 또다시 나고 죽는 사람은 끝없이 윤회하며 떠돈다.

그러나 탐욕의 마음을 버리고 존재와 존재의 사라짐을 구하는 탐욕의 마음을 떠나 마음의 번뇌를 멸한 사람은 현세에서 깨달음의 언덕에 도달한 사람이다.

또한 이렇게 세존께서 설하셨다고 나는 들었다.

59. 악마의 영역

바로 이와 같은 것을 아라한 세존께서 설하셨다고 나는 들었다.

"비구들이여! 세 가지 종교적 의무를 갖춘 비구는 악마의 영역을 뛰어넘어 태양처럼 빛난다. 세 가지란 어떤 것인가? 비구들이여! 여기에 비구는 모든 계를 완전히 갖추고, 모든 선정을 완전히 갖추며, 만물에 대한 지혜를 완전히 갖춘다. 비구들이여! 바로 이것이 세 가지 종교적 의무를 갖춘 비구는 악마의 영역을 뛰어넘어 태양처럼 빛난다는 것이다."

이렇게 세존께서 말씀하시며 그에 관해 다음과 같이 설하셨다.

계와 선정과 지혜를 잘 닦은 사람은 악마의 영역을 뛰어넘어 태양처럼 빛난다.

또한 이렇게 세존께서 설하셨다고 나는 들었다.

이상, 제1장
끝맺는 시구

원인, 영역⑤⓪·⑤① 그리고 느낌의 두 경⑤②·⑤③, 나아가 구하는 마음

두 경⑭·⑮. 마음의 더러움 두 경⑯·⑰. 그리고 탐욕의 마음⑱ 및
악마의 영역⑲으로서 으뜸가는 〈3부〉의 제 1 장이라 한다.

3 부
제 2 장

60. 복(福)

바로 이와 같은 것을 아라한 세존께서 설하셨다고 나는 들었다.

"비구들이여! 복을 가져오는 세 가지 착한 일의 원인이 있다. 세 가지란 어떤 것인가? 보시에 관한 착한 일의 원인, 계율에 관한 착한 일의 원인, 수행에 관한 착한 일의 원인이다. 비구들이여! 바로 이것이 복을 가져오는 착한 일의 원인이다."

이렇게 세존께서 말씀하시며 그에 관해 다음과 같이 설하셨다.

그는 다음 생에 고요히 쉴 수 있도록 착한 일을 닦아야 한다. 또한 보시와 깨달음의 고요함을 구하는 일과 자비로운 마음을 닦아야 한다.

평온함의 원인이 되는 이러한 세 가지 의무를 닦아 티끌 없는 안락한 세계에서 지혜로운 사람은 태어난다.

또한 이렇게 세존께서 설하셨다고 나는 들었다.

61. 눈

바로 이와 같은 것을 아라한 세존께서 설하셨다고 나는 들었다.

"비구들이여! 세 가지 눈이 있다. 세 가지란 어떤 것인가? 예사로운 눈, 신통력이 있는 눈, 그리고 지혜의 눈이다. 비구들이여! 실로 이것이 세 가지 눈이다."

이렇게 세존께서 말씀하시며 그에 관해 다음과 같이 설하셨다.

예사로운 눈, 신통력이 있는 눈, 그리고 지혜의 눈을 성자는 설한다. 예사로운 눈은 곧 신통력이 있는 눈을 낳는 길이며 그 눈에 의해 지혜가 생긴다. 지혜의 눈은 가장 훌륭하다. 그 눈을 얻음으로써 모든 괴로움으로부터 자유롭게 된다.

또한 이렇게 세존께서 설하셨다고 나는 들었다.

62. 깨달음으로 재촉하는 힘

바로 이와 같은 것을 아라한 세존께서 설하셨다고 나는 들었다.

"비구들이여! 깨달음으로 재촉하는 세 가지 힘이 있다. 세 가지란 어떤 것인가? 아직 알지 못한 깨달음의 진리를 알게

하려는 힘, 이미 깨달음의 진리를 안 경지에서 발하는 힘, 우
리는 미혹한 생을 떠나 깨달아 마쳤다고 아는 경지의 힘이다.
비구들이여! 바로 이것이 세 가지 힘이다."

이렇게 세존께서 말씀하시며 그에 관해 다음과 같이 설하셨
다.

올바른 길을 더듬어 수행에 힘쓰는 수행자에게 마음의 번뇌의 소
멸에 대한 최초의 지혜가 생긴다. 그로부터 으뜸가는 지혜가 있다.
그로부터 지혜의 해탈을 얻은 사람에게는 미혹한 생의 속박을 소멸
함에 의해 '나의 해탈에는 흔들림이 없다'라는 지혜가 생겼다.
그 깨달음의 능력을 갖춘 성현은 고요한 열반의 길을 즐기며, 악마
와 그의 세력을 정복하여 더 이상 미혹한 생을 되풀이하지 않는다.

또한 이렇게 세존께서 설하셨다고 나는 들었다.

63. 시간

바로 이와 같은 것을 아라한 세존께서 설하셨다고 나는 들
었다.

"비구들이여! 세 가지 시간이 있다. 세 가지란 어떤 것인가?
과거시(過去時), 현재시, 미래시이다. 비구들이여! 이것이 바로
세 가지 시간이다."

이렇게 세존께서 말씀하시며 그에 관해 다음과 같이 설하셨
다.

단순히 이름에 의해 나타나는 것을 진짜인 듯 생각하는 사람들은

이름으로 나타나는 것에 집착한다. 이름으로 나타나는 것의 본질을 잘 알지 못하고 그들은 죽음의 신의 속박에 다가간다.

그러나 마음이 속박으로부터 떠나 가장 높은 휴식의 길에 도달한 사람은 이름으로 나타나는 것의 본질을 잘 알아 이름으로 나타내는 주체가 있다고는 생각하지 않는다.

그는 진실로 이름으로 나타나는 것의 본질을 얻은 현명한 사람으로 휴식의 길을 즐긴다. 진실한 법에 머무는 지혜로운 사람은 이름에 의거하면서도 이름에 집착하지 않는다.

또한 이렇게 세존께서 설하셨다고 나는 들었다.

64. 일—하나

바로 이와 같은 것을 아라한 세존께서 설하셨다고 나는 들었다.

"비구들이여! 세 가지 나쁜 일이 있다. 세 가지란 어떤 것인가? 몸으로 짓는 나쁜 일, 입과 뜻으로 짓는 나쁜 일이다. 비구들이여! 바로 이것이 세 가지 나쁜 일이다."

이렇게 세존께서 말씀하시며 그에 관해 다음과 같이 설하셨다.

　몸으로 나쁜 일을 하고 또한 입과 뜻으로 나쁜 일을 하며 뿐만 아니라 그 외 나쁜 일이라 일컬어지는 행동을 하며
　착한 일을 하지 않고 착하지 않은 일을 많이 한 어리석은 사람은 죽은 후에 지옥에 태어난다.

또한 이렇게 세존께서 설하셨다고 나는 들었다.

65. 일—둘

바로 이와 같은 것을 아라한 세존께서 설하셨다고 나는 들었다.

"비구들이여! 세 가지 착한 일이 있다. 세 가지란 어떤 것인가? 몸의 착한 일, 입과 뜻의 착한 일이다. 비구들이여! 바로 이것이 세 가지 착한 일이다."

이렇게 세존께서 말씀하시며 그에 관해 다음과 같이 설하셨다.

몸으로 짓는 나쁜 일을 버리고, 또한 입과 뜻으로 짓는 나쁜 일을 버리고, 그 외에 모든 나쁜 일을 버리고,
착하지 않은 일을 하지 않고 착한 일을 많이 하는 현명한 사람은 죽은 후에 하늘에 태어난다.

또한 이렇게 세존께서 설하셨다고 나는 들었다.

66. 청정함

바로 이와 같은 것을 아라한 세존께서 설하셨다고 나는 들었다.

"비구들이여! 세 가지 청정함이 있다. 세 가지란 어떤 것인가? 몸의 청정함, 입의 청정함 그리고 뜻의 청정함이다. 비구

들이여! 바로 이것이 세 가지 청정함이다."

이렇게 세존께서 말씀하시며 그에 관해 다음과 같이 설하셨다.

몸이 청정하고 입과 뜻이 청정하며 마음에 더러움이 없어 완전하게 청정한 사람을, 모든 것을 버린 사람이라고 한다.

또한 이렇게 세존께서 설하셨다고 나는 들었다.

67. 침묵행

바로 이와 같은 것을 아라한 세존께서 설하셨다고 나는 들었다.

"비구들이여! 세 가지의 침묵을 지키는 행이 있다. 세 가지란 어떤 것인가? 몸의 침묵을 지키는 행, 입과 뜻의 침묵을 지키는 행이다. 비구들이여! 바로 이것이 세 가지의 침묵을 지키는 행이다."

이렇게 세존께서 말씀하시며 그에 관해 다음과 같이 설하셨다.

몸이 침묵하고 입이 침묵하며 뜻이 침묵하고, 마음의 번뇌가 없으며 침묵을 지키는 사람을 죄악이 없는 사람이라 한다.

또한 이렇게 세존께서 설하셨다고 나는 들었다.

68. 탐욕—하나

바로 이와 같은 것을 아라한 세존께서 설하셨다고 나는 들었다.

"비구들이여! 욕심을 버리지 못하고, 성냄과 어리석음을 버리지 못한다면 그는 악마에 붙들린 사람, 악마의 최면에 걸린 사람, 악한 사람의 뜻대로 움직일 수밖에 없는 사람이라 한다. 비구들이여! 욕심을 버리고 성냄과 어리석음을 버린다면 그 사람은 악마로부터 자유롭게 된 사람, 악마의 최면에서 풀린 사람, 악한 사람이 제멋대로 움직일 수 없는 사람이라 한다."

이렇게 세존께서 말씀하시며 그에 관해 다음과 같이 설하셨다.

욕심과 성냄과 어리석음을 떠난다면 그 사람을 일러 몸을 스스로 닦은 사람, 가장 훌륭한 사람, 여래, 깨달은 사람, 원망과 두려움을 뛰어넘은 사람, 모든 것을 버린 사람이라 한다.

또한 이렇게 세존께서 설하셨다고 나는 들었다.

69. 탐욕—둘

바로 이와 같은 것을 아라한 세존께서 설하셨다고 나는 들었다.

"비구들이여! 비구나 비구니가 욕심과 성냄과 어리석음을

버리지 않는다면 비구들이여! 그런 이들은 파도치고 소용돌이
치며 악어와 귀신이 사는 바다를 건넌 사람이라 불릴 수 없다.
비구들이여! 비구나 비구니가 욕심과 성냄과 어리석음을 버린
다면 그것은 파도치고 소용돌이치며 악어나 귀신이 사는 바다
를 건너 깨달음의 언덕에 다다라 땅에 우뚝 선 바라문[10]이라
일컫는다."

이렇게 세존께서 말씀하시며 그에 관해 다음과 같이 설하셨
다.

욕심과 성냄과 어리석음을 떠난 사람은 악어나 귀신이 살며 무섭
게 파도가 쳐 건너기 어려운 바다를 건너갔다.
집착을 뛰어넘고 죽음을 끊고 집착의 원인이 되는 이 몸과 마음을
떠난 사람에게는 괴로움을 떠난 까닭에 미래의 미혹한 생이 없다.
그는 죽어서 생으로 돌아오지 않는다. 죽음의 신을 당황하게 만든
다고 나는 말한다.

또한 이렇게 세존께서 설하셨다고 나는 들었다.

이상, 제2장
끝맺는 시구

복⑥, 눈⑥, 깨달음으로 재촉하는 힘⑥, 시간⑥, 일의 두 경⑥·⑥,
청정함⑥, 침묵행⑥ 그리고 탐욕의 두 경⑥·⑥은 계속해서 으뜸가
는 〈3부〉의 제2장이라 한다.

3 부
제 3 장

70. 본 것―하나

바로 이와 같은 것을 아라한 세존께서 설하셨다고 나는 들었다.

"비구들이여! 몸으로 나쁜 일을 하고 입으로 나쁜 일을 하며 뜻으로 나쁜 일을 하고, 성현을 비난하고 그릇된 견해를 가지며, 그릇된 견해에 근거해서 나쁜 행위를 쌓아가는 사람들이 죽은 뒤에는 불행한 경지, 즉 나쁜 곳, 괴로운 경지인 지옥에 태어나는 것을 나는 보았다.

비구들이여! 나는 다른 사문, 바라문이 전하는 말에 의해 그렇게 말하는 것이 결코 아니다. 몸으로 나쁜 일을 하고 그릇된 견해에 근거해서 나쁜 행위를 쌓아가는 사람들이 죽어서는 지옥에 태어나는 것을 나는 보았던 것이다.

뿐만 아니라 비구들이여! 스스로 안 것, 스스로 본 것, 스스로 이해한 것을 나는 설한다. 다시 말하면 '비구들이여! 몸으

로 나쁜 일을 하고 그릇된 견해에 근거하여 나쁜 행위를 쌓아
가는 사람은 죽어서 지옥에 태어나는 것을 나는 보았다'라고."

이렇게 세존께서 말씀하시며 그에 관해 다음과 같이 설하셨
다.

여기에 그릇된 마음을 지니고 그릇된 말을 쓰며 몸으로 그릇된
행동을 하는 사람이 있다.
이 세상의 짧은 생애에 지혜롭지 못하고 공덕을 짓지 않은 어리석
은 사람은 몸이 무너진 후에 지옥에 태어난다.

또한 이렇게 세존께서 설하셨다고 나는 들었다.

71. 본 것—둘

바로 이와 같은 것을 아라한 세존께서 설하셨다고 나는 들
었다.

"비구들이여! 몸으로 착한 일을 하고 입으로 착한 일을 하
며 뜻으로 착한 일을 하고, 성현을 비난하지 않고 바른 견해를
가지며, 바른 견해에 근거하여 착한 행위를 쌓아가는 사람은
죽은 후에 즐거운 경지인 하늘에 태어나는 것을 나는 보았다.

비구들이여! 나는 다른 사문, 바라문이 전하는 말에 의해 그
렇게 말하는 것이 결코 아니다. 몸으로 착한 일을 하고 바른
견해에 근거하여 착한 행위를 쌓아가는 사람이 죽은 후에 하
늘에 태어나는 것을 나는 보았기 때문이다.

뿐만 아니라 비구들이여! 스스로 안 것, 스스로 본 것, 스스

로 이해한 것을 나는 설한다. 다시 말하면 '비구들이여! 몸으로 착한 일을 하고 바른 견해에 근거하여 착한 행위를 쌓아가는 사람이 죽어서는 하늘에 태어나는 것을 나는 보았다'라고."

이렇게 세존께서 말씀하시며 그에 관해 다음과 같이 설하셨다.

여기에 바른 마음을 지니고 바른 말을 쓰며 몸으로 바른 행동을 하는 사람이 있다.
이 세상 짧은 생애에서 지혜롭고 공덕 지은 어진 사람은 몸이 무너진 후에 하늘에 태어난다.

또한 이렇게 세존께서 설하셨다고 나는 들었다.

72. 벗어남

바로 이와 같은 것을 아라한 세존께서 설하셨다고 나는 들었다.

"비구들이여! 세 가지 벗어남(出離)의 영역이 있다. 세 가지란 어떤 것인가? 욕심의 영역, 이것을 벗어나는 일은 욕심의 이탈이라 한다. 물질적인 존재의 영역, 이것을 벗어나는 일은 물질을 뛰어넘는 것이라 한다. 또한 존재하는 모든 것, 만들어진 것, 인연으로 이루어진 것, 이것을 벗어나는 일을 일컬어 소멸, 다시 말하면 깨달음이라 한다. 비구들이여! 바로 이것이 세 가지 벗어남의 영역이다."

이렇게 세존께서 말씀하시며 그에 관해 다음과 같이 설하셨

다.

욕심의 영역으로부터의 이탈과, 물질적인 존재의 영역을 뛰어넘는 것을 알아 뜻 있는 사람은 만물이 고요한 상태를 언제나 체득한다. 올바르게 보는 그 비구는 그런 까닭에 여기에서 해탈을 얻어 뛰어난 능력을 깨달은 현인이고 번뇌의 속박을 넘은 성자이다.

또한 이렇게 세존께서 설하셨다고 나는 들었다.

73. 물질적인 존재

바로 이와 같은 것을 아라한 세존께서 설하셨다고 나는 들었다.

"비구들이여! 물질적인 존재의 영역보다는 물질적인 존재가 없는 영역이 뛰어나며, 그보다는 소멸 즉, 깨달음의 영역이 뛰어나다."

이렇게 세존께서 말씀하시며 그에 관해 다음과 같이 설하셨다.

물질적인 존재의 영역에 도달한 사람과 물질적인 존재가 없는 영역에 머문 사람은 깨달음의 영역을 알지 못하고 다시 미혹한 생을 반복한다. 물질적인 존재의 영역을 모두 다 알고 물질적인 존재가 없는 영역에 능히 머물며 깨달음의 영역에서 완전한 정신적인 자유를 얻은 사람은 죽음을 버린 사람이다.

올바로 깨달아 번뇌가 사라진 성현은 이 몸을 가지고 죽음이 없는 세계에 닿으며, 집착의 근본이 되는 이 몸과 마음을 떠나서 집착의 기반을 떠나는 것을 환히 알게 되어 근심이 없고 더러움을 떠난 길을 설한다.

또한 이렇게 세존께서 설하셨다고 나는 들었다.

74. 아이

바로 이와 같은 것을 아라한 세존께서 설하셨다고 나는 들었다.

"비구들이여! 세상에는 세 종류의 아이가 있다는 것을 알아라. 세 종류란 어떤 것인가? 훌륭한 성정의 아이, 걸맞는 성정의 아이, 하천한 성정의 아이가 그것이다.

그러면 비구들이여! 훌륭한 성정의 아이란 무엇을 말하는가?

비구들이여! 아이의 부모가 있어 그들은 성현에게 귀의하지 않고 성현의 가르침에 귀의하지 않고 성현의 승단에 귀의하지 않는다. 뿐만 아니라 살생을 삼가하지 않고 도둑질을 삼가하지 않으며 음란한 행동을 삼가하지 않고 거짓말을 하며 게으름의 원인이 되는 음주를 삼가하지 않고 계를 어기는 나쁜 성격의 사람들이다. 이에 반해 그들의 아이는 성현에게 귀의하고 성현의 가르침과 성현의 승단에 귀의한다. 나아가 살생과 도둑질과 음란한 행동을 삼가하고 거짓말과 음주를 삼가하며 계율을 지닌 착한 성격의 사람이다. 비구들이여! 이 같은 사람이 훌륭한 성정의 아이이다.

그러면 비구들이여! 걸맞는 성정의 아이는 어떤 것인가?

비구들이여! 아이의 부모가 있어 그들은 성현에게 귀의하고 성현의 가르침과 승단에 귀의하며 계율을 잘 지키는 착한 성격의 사람들이다. 더구나 그들의 아이도 성현에게 귀의하고 성현의 가르침과 승단에 귀의하며 계율을 잘 지키는 착한 성격의 사람이다. 비구들이여! 이 같은 사람이 걸맞는 성정의 아이이다.

그러면 비구들이여! 하천한 성정의 아이는 무엇을 일컫는가?

비구들이여! 아이의 부모가 있어 그들은 성현에게 귀의하고 성현의 가르침과 승단에 귀의하며 계율을 잘 지키는 착한 성격의 사람들이다. 그런데 그들의 아이는 성현에게 귀의하지 않고 성현의 가르침과 승단에 귀의하지 않으며 계율을 어기는 나쁜 성격의 사람이다. 비구들이여! 이 같은 사람이 바로 하천한 성정의 아이이다.

비구들이여! 실로 이 세상에는 세 종류의 아이가 있다는 사실을 알아야 한다."

이렇게 세존께서 말씀하시며 그에 관해 다음과 같이 설하셨다.

지혜로운 사람은 훌륭한 성정의 아이, 걸맞는 성정의 아이를 원하고 하천한 성정의 아이를 원하지 않는다.

훌륭한 성정의 아이와 걸맞는 성정의 아이들은 이 세상에서 믿음과 계율을 지니며, 관대하여 인색하지 않은 재가신자가 된다. 층의 구름을 벗어난 달처럼 그들은 사람들 속에서도 환히 빛난다.

또한 이렇게 세존께서 설하셨다고 나는 들었다.

75. 가뭄과도 같은 사람

바로 이와 같은 것을 아라한 세존께서 설하셨다고 나는 들었다.

"비구들이여! 세상에는 세 종류의 사람이 있다는 것을 알아라. 세 종류란 어떤 것인가? 가뭄과 같은 사람, 지역에 따라 내리는 비와도 같은 사람, 전 지역에 고루 내리는 비와도 같은 사람이 그것이다.

그렇다면 비구들이여! 가뭄과도 같은 사람이란 어떤 사람인가?

비구들이여! 어떤 사람들은 어느 누구에게도 베풀지 않는다. 즉, 모든 사문과 바라문, 극빈자, 나그네, 밥을 비는 사람에게 먹을 것이나 마실 것, 옷이나 수레, 꽃다발이나 향, 침구나 머물 곳, 등불 같은 것을 베풀지 않는다. 비구들이여! 바로 이같은 사람을 가뭄과 같은 사람이라 한다.

그렇다면 비구들이여! 어떤 사람을 지역에 따라 내리는 비와 같은 사람이라 하는가?

비구들이여! 어떤 사람들은 일부에게는 베풀지만 또 다른 일부에게는 베풀지 않는다. 즉, 일부의 사문과 바라문, 극빈자나 나그네, 밥을 비는 사람에게는 먹을 것과 등불을 주지만 일부의 사문 등에게는 베풀지 않는다. 비구들이여! 바로 이 같은 사람을 지역에 따라 내리는 비와도 같은 사람이라 한다.

그렇다면 비구들이여! 어떤 사람을 전 지역에 고루 내리는 비와도 같은 사람이라 하는가?

비구들이여! 어떤 사람들은 모든 이에게 베풀어 준다. 즉, 모든 사문과 바라문, 극빈자와 나그네 그리고 밥을 비는 사람 모두에게 먹을 것과 등불을 베풀어 준다. 비구들이여! 실로 이 같은 사람을 전 지역에 고루 내리는 비와도 같은 사람이라 한다.

비구들이여! 세상에는 이러한 세 종류의 사람이 있다는 것을 알아야 한다.”

이렇게 세존께서 말씀하시며 그에 관해 다음과 같이 설하셨다.

사문과 바라문, 극빈자와 나그네에 대하여 가지고 있던 밥과 물과 그 외 먹을 것을 나누어 주지 않는 가장 저급한 인간을 가뭄과 같은 사람이라 한다.

어떤 사람에게는 베풀고 어떤 사람에게는 베풀지 않는 그런 사람을 지역에 따라 내리는 비와도 같은 사람이라고 성현은 말한다.

모든 이를 가엾게 여겨 많은 먹을 것을 약속한 사람은 기쁘게 널리 보시를 하며 ‘베풀어라, 베풀어라’라고 설한다.

마치 뇌성이 울려 퍼지고 천둥이 치며 비가 퍼부어 넘치는 물이 높은 지대이건 낮은 지대이건 윤택하게 만들듯이 세상의 어떤 사람은 그와 같다.

정당한 방법으로 노력하여 부를 이루면 먹을 것과 마실 물로 모든 길 떠나는 사람에게 기쁨을 준다.

또한 이렇게 세존께서 설하셨다고 나는 들었다.

76. 즐거움

바로 이와 같은 것을 아라한 세존께서 설하셨다고 나는 들었다.

"비구들이여! 지혜로운 사람은 세 가지의 즐거움을 기대하면서 계를 지켜야만 한다. 세 가지란 어떤 것인가? 내게 명예가 찾아오리라고 생각하여 계를 지켜야 한다. 내게 재산이 생기리라고 생각하며 계를 지켜야 한다. 몸이 무너진 후에 나는 즐거운 경지인 하늘에 태어나리라고 생각하며 계를 지켜야 한다. 비구들이여! 지혜로운 사람은 이 세 가지 즐거움을 기대하면서 계를 지켜야 한다."

이렇게 세존께서 말씀하시며 그에 관해 다음과 같이 설하셨다.

현명한 사람은 세 가지 즐거움을 기대하면서 계를 지켜야 한다. 그것은 명예와 부를 얻는 즐거움, 그리고 죽은 뒤에 하늘에 태어나는 즐거움이다.

죄를 짓지 않더라도 죄 지은 사람과 어울린다면 죄에 대해서 의심을 피할 길 없으며 불명예는 더욱 커간다.

누군가와 사귀거나 어울린다면 그는 그 사람과 비슷한 인물이 된다. 왜냐하면 사귐이란 바로 그와 같은 것이기 때문이다.

사귀는 사람은 자기와 사귀는 다른 사람을, 자기와 접촉하는 다른 사람을 물들인다. 독이 묻은 화살이 독이 묻지 않은 화살더미를 더럽히는 것과 같다. 더럽혀질 것을 두려워하여 현명한 사람은 결코 악인의 친구가 되려 하지 않는다.

사람이 나뭇잎으로 썩은 생선을 싼다면 나뭇잎도 악취를 풍기게 된다. 어리석은 사람과의 사귐은 바로 그렇다.

그러나 만약 나뭇잎으로 타가라 향을 싼다면 나뭇잎도 좋은 향을 풍길 것이다. 어진 사람과의 사귐은 바로 그렇다.

그러므로 제각기 가려진 속을 알아서 지혜로운 사람은 악인과 사귀지 말고 착한 사람과 사귀어야 한다. 악인은 다른 사람을 지옥으로 이끌고 착한 사람은 다른 사람을 즐거운 경지로 인도한다.

또한 이렇게 세존께서 설하셨다고 나는 들었다.

77. 멸함

바로 이와 같은 것을 아라한 세존께서 설하셨다고 나는 들었다.

"비구들이여! 이 육체는 멸한다. 마음은 변하는 성질을 갖고 있다. 모든 집착의 기반이 되는 이 몸과 마음은 달라지는 것이고 괴로운 것이며 변하는 성질을 갖고 있다."

이렇게 세존께서 말씀하시며 그에 관해 다음과 같이 설하셨다.

육체는 멸해 가는 것이라 알고 마음은 변해 가는 것이라 알며 집착의 기반이 되는 이 몸과 마음에 두려움을 보고, 미혹한 생은 생

사의 반복이라 깨닫고 스스로를 수련한 사람은 열반의 고요함에 도
달하여 죽음을 맞는다.

또한 이렇게 세존께서 설하셨다고 나는 들었다.

78. 세계

바로 이와 같은 것을 아라한 세존께서 설하셨다고 나는 들
었다.

"비구들이여! 세상 사람들은 서로 비슷한 사람끼리 어울리
고 사귄다. 다시 말하면 저열한 사람들은 저열한 사람끼리 어
울리고 사귀며 훌륭한 사람들은 훌륭한 사람끼리 어울리고 사
귄다.

비구들이여! 과거 세상의 사람들도 서로 비슷한 사람끼리
어울리고 사귀었다. 뿐만 아니라 미래 세상의 사람들과 현재
세상의 사람들도 서로 비슷한 사람끼리 어울리고 사귄다. 다시
말하면 저열한 사람들은 저열한 사람끼리 어울리고 사귀며 훌
륭한 사람들은 훌륭한 사람끼리 어울리고 사귄다."

이렇게 세존께서 말씀하시며 그에 관해 다음과 같이 설하셨
다.

사귀는 까닭에 욕망이 일어나니 사귀지 않는다면 욕망은 끊어진
다. 망망대해에서 작은 나무토막에 올라탄다 하더라도 곧 가라앉고
말듯이 게으른 자와 어울린다면 바르게 살아가던 사람도 가라앉는
다.

그러므로 노력 않는 게으른 자를 피해야 한다. 세속의 더러움을 떠나 선정에 전념하는 성현, 언제나 정진하는 지혜로운 사람과 함께 살아가야 한다.

또한 이렇게 세존께서 설하셨다고 나는 들었다.

79. 타락에 대하여

바로 이와 같은 것을 아라한 세존께서 설하셨다고 나는 들었다.

"비구들이여! 세 가지 법이 있어 배움의 길에 들어 있는 비구들을 타락으로 이끈다. 세 가지란 어떤 것인가?

비구들이여! 배움의 길에 들어 있는 비구는 생계를 위하여 도구를 만든다거나 수리하는 일을 즐기고 기뻐하며 그 작업의 기쁨에 취해 시간을 보낼 때가 있다. 이야기를 즐기고 기뻐하며 이야기에 빠져 시간을 보낼 때가 있다. 잠을 즐기고 기뻐하며 잠에 취해 시간을 보낼 때가 있다.

비구들이여! 실로 이것이 배움의 길에 들어서 있는 비구를 타락으로 이끄는 세 가지 법이다.

다음의 세 가지 법은 배움의 길에 들어서 있는 비구를 타락으로 이끌지 않는다. 세 가지란 어떤 것인가?

비구들이여! 배움의 길에 들어서 있는 비구는 생계를 위하여 도구를 만든다거나 수리하는 일을 즐기지 않는다. 이야기를 즐기지 않고 잠을 즐기지 않는다. 이러한 것에 빠져 시간을 보내지 않는다.

비구들이여! 바로 이것이 배움의 길에 들어서 있는 비구를 타락으로 이끌지 않는 세 가지 법이다."

이렇게 세존께서 말씀하시며 그에 관해 다음과 같이 설하셨다.

작업을 기뻐하고 대화를 즐기며 잠을 기뻐하고 들떠 있는 비구는 으뜸가는 깨달음에 도달할 수 없다. 그러나 작업을 멀리하고 잠들지 않으며 들뜨지 않는 비구는 으뜸가는 깨달음에 도달할 수 있다.

또한 이렇게 세존께서 설하셨다고 나는 들었다.

이상, 제3장
끝맺는 시구

본 것, 두 경⑦·⑦. 벗어남⑦. 물질적 존재⑦, 아이⑦ 및 가뭄과 같은 사람에 대해서⑦, 즐거움⑦ 그리고 멸함⑦, 세계⑦, 타락에 대하여⑦, 이상 10경이다.

250

3 부
제 4 장

80. 사유

바로 이와 같은 것을 아라한 세존께서 설하셨다고 나는 들었다.

"비구들이여! 세 가지 이롭지 못한 사유가 있다. 세 가지란 어떤 것인가? 스스로의 존중에 관한 사유, 이득과 명예와 세간의 평에 관한 사유, 다른 사람에의 동정에 관한 사유가 그것이다. 실로 비구들이여! 이것이 이롭지 못한 세 가지 사유이다."

이렇게 세존께서 말씀하시며 그에 관해 다음과 같이 설하셨다.

스스로의 존중과 이득이나 명예, 세간의 평에 연연하는 사람, 친구들과 함께 있기를 즐기는 사람은 속박을 소멸하기가 요원하다.

아이와 가축, 재산을 버리고 떠나서 머문다면 그 같은 비구는 으뜸가는 깨달음에 도달할 수 있다.

또한 이렇게 세존께서 설하셨다고 나는 들었다.

81.[11] 존경

"비구들이여! 사람들이 존경받는 일로 인해 마음이 상하고 낙담하여 죽은 뒤에는 불행하고 나쁜 곳인 괴로운 경지, 즉 지옥에 태어나는 것을 나는 보았다. 비구들이여! 사람들이 존경받지 못한 일로 인해, 그리고 존경받거나 혹은 받지 못하는 일로 인해 마음 상하고 낙담하여 지옥에 태어나는 것을 나는 보았다.

비구들이여! 나는 이 말을 다른 사문이나 바라문에게서 전해 듣고 하는 말이 아니다. 비구들이여! 나는 사람들이 그러한 일로 인해 지옥에 나는 것을 보았던 것이다.

뿐만 아니라 비구들이여! 스스로 안 것, 스스로 본 것, 스스로 이해한 것을 나는 설한다. 즉, '비구들이여! 사람들이 존경받는 일, 존경받지 못한 일, 존경받거나 혹은 받지 못한 일로 인해 마음 상하고 낙담해서 죽은 뒤에 괴로운 경지인 지옥에 나는 것을 나는 보았다'라고 말하는 것이다."

존경받고 있을 때나 존경받지 못할 때, 또는 존경받거나 혹은 받지 못할 때에라도 게으름 피우지 않고 머무는 사람에게는 그 선정에 흔들림이 없다.

선정에 들어 정진하며 방심하는 일 없이 치밀한 생각으로 관찰하는 사람, 집착이 모두 멸한 것을 기뻐하는 사람을 착한 사람이라 한다.

82. 소리

"비구들이여! 천신들 중에는 이따금 이와 같은 세 가지 천신의 소리가 생긴다. 세 가지란 어떤 것인가? 비구들이여! 불제자가 머리와 수염을 깎고 누런 옷을 입고 집을 나와 출가하고자 할 때, 바로 이러한 천신의 소리가 일어난다. '이 불제자는 악마와 싸우고자 한다.' 비구들이여! 바로 이 소리가 첫번째 천신의 소리이다.

또한 불제자가 깨달음에 이르기 위한 일곱 가지 법[12]을 수행하고 있을 때, 바로 이러한 천신의 소리가 일어난다.

'이 불제자는 악마와 싸우고 있다.' 비구들이여! 바로 이 소리가 두 번째 천신의 소리이다.

나아가 불제자가 마음의 번뇌를 소멸하여 마음의 해탈과 지혜의 해탈을 현세에서 스스로 뛰어난 지혜로써 실증(實證)하여 완전하게 갖추었을 때, 바로 이러한 천신의 소리가 일어난다. '이 불제자는 싸움에서 이겨 악마를 정복하여 깨달음에 이르렀다.' 비구들이여! 바로 이것이 세 번째 천신의 소리이다.

비구들이여! 바로 이처럼 천신들 속에서 세 가지 천신의 소리가 생기는 것이다."

싸움에 이기고 올바르게 깨달은 성현의 제자를 보며 모든 천신들도 위대하며 두려움 없는 이에게 경례한다.
"고귀한 이여! 정복하기 어려운 것을 정복한 그대에게 경례하노라.

속박에서 풀려나고 죽음의 세력을 이겼고 어디에나 걸림 없는 그대에게 경례하노라."

바로 이처럼 모든 천신은 그 목적에 도달한 사람에게 경례한다. 죽음을 정복하면 모든 천신이 경례한다.

83. 죽음

"비구들이여! 천신은 그 몸을 버리고 죽을 때 다음의 다섯 가지 징조가 나타난다. 즉 머리에 꽂은 꽃장식이 시들고 옷이 더러워지고 겨드랑이에서 땀이 나오고 몸은 추해지며 자신이 앉았던 천신의 자리를 더 이상 좋아하지 않게 된다.

비구들이여! 그러면 다른 천신들은 곧 그 사실을 알고 세 가지 말로 그 천신을 위로한다. '그대여! 이곳을 떠나 좋은 곳으로 가시오. 좋은 곳으로 가서 좋은 이익을 얻으시오. 좋은 이익을 얻어 확고하고 안정된 이가 되시오.'"

이렇게 세존께서 설하시자 한 비구가 다음과 같이 여쭈었다.

"스승이시여! 모든 천신에게 있어 좋은 곳으로 가라는 말은 대체 무엇을 뜻합니까? 존귀하신 스승이시여! 모든 천신에게 있어 좋은 이익을 얻으라는 말은 대체 무엇을 뜻합니까? 또한 모든 천신에게 있어 확고하고 안정된 이가 되라는 말은 무엇을 뜻합니까?"

"비구들이여! 사람의 상태가 바로 모든 천신에게 있어 좋은 경지로 가라는 뜻이다. 사람이 되어서 여래께서 설하시는 가르침과 승단의 규율에 믿음을 갖게 된다면 이것이 모든 천신에게 있어 좋은 이익을 얻는다는 것이다. 뿐만 아니라 그 믿음은 견고하게 뿌리내려 세상의 그 어떠한 사문과 바라문, 천신과 악마, 그리고 범천과 인간에 의해서도 흔들리지 않는다. 이것 이 모든 천신에게 있어 확고하고 안정된 이가 되라는 것이다."

천인이 수명을 마치고 그 몸을 버릴 때 그를 위로하는 모든 천신 들의 세 가지 소리가 나타난다.

"그대여! 이곳을 떠나 사람과 함께 머무는 좋은 곳으로 가시오. 사람의 몸을 갖게 되면 올바른 가르침에서 다시없는 믿음을 갖게 되리라.

확고하고 안정된 그대의 믿음이 견고하게 뿌리내려 올바른 가르침을 잘 이해할 때, 살아 있는 한 그것은 흔들림이 없으리라."

그로써 저 천신은 몸과 입과 뜻의 나쁜 일을 버리고 그 외 다른 나쁜 일을 모두 버리고 몸으로 착한 일을, 입으로 착한 일을 많이 행하고 뜻으로 한없는 착한 일을 하여 집착의 기반이 되는 몸과 마음을 떠난다.

베품에 의해서 재생으로 연결된 공덕을 많이 지어 다른 사람들도 올바른 가르침, 청정한 수행으로 인도해야 한다.

모든 천신들은 천신이 죽을 때를 알아 동정하여 거듭 위로한다. "천신이여! 가시오"라고.

84. 세상

"세상에 태어난 세 종류의 사람들은 많은 사람들의 이익과 행복을 위해 세상 사람들을 가련해 하는 까닭에, 천신과 인간의 이익과 행복을 위해 살아가고 있다. 세 가지란 어떤 것인가?

비구들이여! 여래, 존경받을 자격이 있는 사람, 올바로 깨달은 사람, 지혜와 행위가 원만히 갖추어진 사람, 깨달음에 잘 도달한 사람, 세간과 출세간(出世間)을 아는 사람, 가장 높은 사람, 사람들을 잘 다루는 사람, 모든 천신과 인간의 스승, 깨달은 사람, 세상의 존경을 받을 자격이 있는 사람[13] 등이 세상에 살아가고 있다. 깨달은 성현은 처음도 좋고 중간도 좋고 마지막도 좋은 가르침을 베풀고 내용과 문구가 잘 갖추어진 가르침을 베풀어 순수하고 완전하며 깨끗한 수행을 밝혀 준다. 비구들이여! 이것이 세상에 나신 첫번째 사람이다. 그는 많은 사람들의 이익과 행복, 그리고 천신과 인간의 이익과 행복을 위해 살아간다.

나아가 또한 비구들이여! 스승의 제자인 아라한이 있다. 그는 마음의 더러움을 소멸해서 이미 완성하고, 해야 할 일은 모두 해서 마치고 마음의 부담을 덜었으며 자기의 목적에 도달하여 미혹한 생의 속박을 멸하며, 올바르고 완전한 지혜로써 해탈을 얻었다. 그는 처음도 좋고 중간도 좋고 마지막도 좋은 가르침을 베풀고 순수하고 완전하고 깨끗한 행을 밝혀 준다. 비구들이여! 이것이 또한 세상에 나신 두 번째 사람이다. 그는 많은 사람들의 이익과 행복, 그리고 천신과 인간의 이익과 행복을 위해 살아간다.

또한 그 스승의 제자인 수행자가 있다. 그는 도를 닦고 많은 것을 배우며 계율을 지키는 것을 습관화한다. 그도 또한 처음도 좋고 중간도 좋고 마지막도 좋은 가르침을 베풀고 내용과 문구가 잘 갖추어진 가르침을 베풀어 순수하고 완전하고 깨끗한 행을 밝혀 준다. 비구들이여! 이 또한 세상에 나신 세 번째 사람이다. 그는 많은 사람들의 이익과 행복, 그리고 천신과 인간의 이익과 행복을 위해 살아간다.

비구들이여! 실로 세상에 나신 이 세 종류의 사람들은 많은 사람들의 이익과 행복, 그리고 천신과 인간의 이익과 행복을 위해 살아간다."

스승이야말로 세상에서 제일가는 위대한 성선(聖仙)이시다. 스승을 따르는 제자는 스스로 수행하는 사람이다. 나아가 수행자도 도를 닦고 많은 것을 배우며 계율을 지키는 것을 습관화하고 있다.

천신과 인간의 스승인 이러한 세 사람은 빛을 발하고 가르침을 베푸는 사람이며, 죽음이 없는 곳의 문을 열어 수많은 이들을 속박으로부터 자유롭게 해준다.

으뜸가는 지도자가 설한 길을 걸어 깨달음에 잘 도착한, 성현의 가르침에 고무된 사람들은 틀림없이 현세에서 괴로움을 소멸하리라.

85. 깨끗지 못함

"비구들이여! 이 몸에 대해 깨끗하지 못하다는 생각(不淨觀)을 관하라. 그리고 호흡을 세는 선정(數息觀)을 열심히 닦아라. 모든 것에 대해 변화하고 변천한다는 생각(無常觀)을 관하라. 비구들이여! 깨끗하지 못하다는 생각을 관할 때 인간존재의 구성요소가 깨끗해지고 탐욕의 번뇌가 끊어진다. 호흡을 세는 선정을 열심히 닦을 때 고뇌를 더해 주는 외부대상을 살피는

마음의 움직임이 없어진다. 모든 것에 대해 변화하고 변천한다
는 생각을 관할 때 수많은 어리석음이 사라지고 곧 깨달음의
지혜가 생긴다.”

몸에 더럽다고 관하고 호흡을 세며 정진하는 사람은 모든 것이
고요하다는 것을 항상 본다. 올바르게 보는 그 비구는 그 때문에
해탈을 얻어 뛰어난 능력을 깨달은 착한 사람, 번뇌의 구속을 뛰어
넘은 성자이다.

86. 가르침

“가르침을 따라 바르게 수행한 비구에게는 이러한 가르침에
따른 실천이 행해진다. ‘가르침에 따라서 바르게 수행한다’는
말을 설명하자면, 그는 올바른 가르침만을 설하며 그릇된 가르
침을 설하지 않는다. 혹은 올바른 가르침만을 사유하고 있으며
그릇된 가르침은 사유하지 않는다. 이 양자를 피해서 그는 마
음에 평정을 잃는 일 없이 올바른 기억, 참다운 지혜로 머문
다.”

가르침을 기뻐하고 즐기고 사유하며 계속 생각하는 비구는 바른
가르침에서 물러서지 않는다.
걷거나 서 있을 때, 앉거나 혹은 누워 있을 때에도 마음을 잘 정돈
한다면 안락에 도달한다.

87. 눈 어둡게 하는 것

"비구들이여! 세 가지 착하지 않은 사유는 눈 어둡게 만드는 것이고 지혜의 눈을 없애는 것이며 어리석게 하는 것이다. 또 그것은 지혜를 멸하는 것이고, 고뇌를 더해 주는 것이고, 열반으로 인도하지 않는 것이다. 세 가지란 어떤 것인가?

비구들이여! 욕심에 묶여서 일어나는 사유는 눈 어둡게 만드는 것이고 또한 열반으로 인도하지 않는 것이다. 성냄에 묶여서 일어나는 사유, 남을 해치려는 마음에 묶여서 일어나는 사유는 눈 어둡게 만드는 것이고 또한 열반으로 인도하지 않는 것이다. 비구들이여! 세 가지 착하지 않은 이들 사유는 눈 어둡게 만드는 것이고 또한 열반으로 인도하지 않는 것이다.

비구들이여! 세 가지 착한 사유가 있다. 이것은 빛을 주는 것이고 지혜의 눈을 만드는 것이며 지혜롭게 해주는 것이다. 이것은 지혜를 더욱 크게 해주는 것이고 고뇌를 더해 주지 않으며 열반으로 이끄는 것이다. 세 가지란 어떤 것인가?

비구들이여! 욕심에 묶여서 일어나는 사유는 잘못된 것이라고 관하는 사유이니 이는 빛을 주는 것이고 또한 열반으로 이끄는 것이다. 그리고 성냄에 묶여서 일어나는 사유는 잘못된 것이라고 관하는 사유이니 이는 빛을 주는 것이고 또한 열반으로 이끄는 것이다. 또한 남을 해치려는 생각에 묶여서 일어나는 사유는 잘못된 것이라고 관하는 사유이니 이는 빛을 주는 것이며 열반으로 이끄는 것이다. 비구들이여! 세 가지 착한 이들 사유는 빛을 주는 것이고 또한 열반으로 이끄는 것이다."

세 가지 착한 사유를 하고 나아가 악한 세 가지를 버리게 된다면, 비가 먼지를 없애 주듯이 그는 진정으로 사유와 관찰이 고요해진다. 사유가 고요히 쉰 마음으로 그는 현세에서 휴식의 길에 다다르리라.

88. 더러움

"비구들이여! 내적인 더러움, 내적인 적대자, 내적인 원수에 세 가지가 있다. 세 가지란 어떤 것인가?

비구들이여! 욕심은 내적인 더러움, 내적인 적대자, 내적인 원수이다. 성냄과 어리석음은 내적인 더러움, 내적인 적대자, 내적인 원수이다. 비구들이여! 참으로 이들 세 가지는 내적인 더러움, 내적인 적대자, 내적인 원수인 것이다."

욕심은 좋지 못한 것을 일으키고 마음을 어지럽힌다. 내부에서 일어나는 이 두려움을 사람들은 깨닫지 못한다.
욕심 있는 사람은 도리를 알지 못한다. 욕심 있는 사람은 진실을 보지 못한다. 욕심이 사람을 정복할 때 어둠이 있다.
그러나 욕심을 정복하고 욕심을 일으키는 대상에 탐하지 않는 자에 의하여 욕심은 버려진다. 연잎에서 떨어지는 물방울처럼.
성냄은 좋지 못한 것을 일으키고 마음을 어지럽힌다. 내부에서 일어나는 이 두려움을 사람들은 깨닫지 못한다.
성내는 사람은 도리를 알지 못한다. 성내는 사람은 진실을 보지 못한다. 성냄이 사람을 정복할 때 어둠이 있다.

그러나 성냄을 정복하고 성냄을 일으키는 대상에 화내지 않는 자에
의하여 성냄은 버려진다. 가지에서 떨어지는 타라 나무 열매처럼.
어리석음은 좋지 못한 것을 내고 마음을 어지럽힌다. 내부에서 일
어나는 이 두려움을 사람들은 깨닫지 못한다.
어리석은 사람은 도리를 알지 못한다. 어리석은 사람은 진실을 보
지 못한다. 어리석음이 사람을 정복할 때 어둠이 있다.
그러나 어리석음을 정복하고 미혹한 대상에 미혹되지 않는 사람은
모든 어리석음을 끊는다. 떠오르는 태양이 암흑을 물리치듯이.

89. 데바닷타에 대하여

바로 이와 같은 것을 아라한 세존께서 설하셨다고 나는 들
었다.

"비구들이여! 세 가지 나쁜 법에 의해 낙담하고 마음 상한
데바닷타[14](提婆達多)는 괴로운 세계인 지옥에 떨어져 1겁 동안
을 그곳에 머물며 구원받지 못한다. 세 가지란 어떤 것인가?

비구들이여! 나쁜 욕구에 의해 마음 상하고 낙담한 데바닷
타는 괴로운 세계인 지옥에 떨어져 1겁 동안을 그곳에 머물며
구원받지 못한다. 비구들이여! 나쁜 벗에 의해, 그리고 나아가
그는 해야만 할 으뜸가는 의무가 있는데도 하천한 일에만 관
계하여 특수한 경지에 도달함으로써 마음이 거만해져 노력하
지 않아 진실로 해야만 할 일을 완성하지 못하고 도중에서 끝
냈다. 비구들이여! 바로 이 세 가지 나쁜 법에 의해서 낙담하
고 마음 상한 데바닷타는 괴로운 세계인 지옥에 떨어져 1겁

동안을 그곳에 머물며 구원받지 못한다."

이렇게 세존께서 말씀하시며 그에 관해 다음과 같이 설하셨다.

어떠한 사람도 결코 나쁜 욕구를 품고 태어나지는 않았다. 나쁜 욕구를 품은 자가 나아갈 곳을 다음에서 알아라.

데바닷타는 지혜로운 사람이라 일컬어졌고 몸을 수행한 사람이라고 존경받았고 명성 있고 불꽃과 같은 사람이었다고 나는 들었다.

그는 마음이 거만해질 대로 거만해져 여래를 괴롭히다 네 개의 문이 있는 무서운 아비지옥[15](阿鼻地獄)에 떨어졌다.

나쁜 짓을 하지 않고 나쁜 마음을 품지 않은 사람을 해치는 자는 나쁜 마음을 지니고 사람들의 존경을 잃어 그에게는 사악함이 덮친다. 독이 든 병으로 바다를 더럽히려 해도 바다는 오염되지 않는다. 바다는 그보다 훨씬 크기 때문이다.

마찬가지로 사람이 저 바르게 길을 가고 마음이 고요한 여래를 말로써 비방하고자 해도 말은 저 여래에게 조금치의 영향도 미칠 수 없다.

지혜로운 사람은 그와 같은 친구를 사귀고 따라야 한다. 여래의 길을 따르는 비구는 괴로움을 소멸할 수 있다.

또한 이렇게 세존께서 설하셨다고 나는 들었다.

이상, 제 4 장
끝맺는 시구

사유 ⑳, 존경 ㉑, 소리 ㉒, 죽음 ㉓, 세상 ㉔, 깨끗지 못함 ㉕, 가르침 ㉖, 눈 어둡게 하는 것 ㉗, 더러움 ㉘, 데바닷타에 대해서 ㉙. 이상 10경이 있다.

3 부
제 5 장

90. 믿음

바로 이와 같은 것을 아라한 세존께서 설하셨다고 나는 들었다.

"비구들이여! 세 가지 으뜸가는 믿음이 있다. 세 가지란 어떤 것인가?

비구들이여! 발이 없거나 두 발, 네 발, 혹은 무수한 발을 가진 중생과 형태가 있거나 형태가 없는 중생과 마음의 움직임이 있거나 마음의 움직임이 없는 중생과 혹은 마음의 움직임이 없는 중생과 혹은 마음의 움직임이 있지도 않고 없는 것도 아닌 중생, 다시 말하면 세계의 모든 중생들 가운데 여래, 즉 존경받을 만하며 올바르게 깨달은 성현은 으뜸가는 분이라 불린다. 비구들이여! 깨달은 성현을 믿는 사람들은 위없는 분을 믿는 사람이다. 게다가 위없는 분을 믿는 자에게는 다시없는 과보가 있다.

비구들이여! 인연으로 이루어졌든 인연을 초월해 있든 무릇
모든 법 중에서 욕심을 떠난 것은 으뜸가는 법이라 불린다. 다
시 말하면 그것은 교만한 마음이 분쇄되는 법, 갈망이 억눌리
는 법, 집착이 제거된 법, 미혹한 생사가 끊어진 법, 애착이 모
두 멸한 법, 욕심을 떠난 법, 소멸하는 법, 바로 열반이다. 비구
들이여! 욕심을 떠난 가르침을 믿는 사람들은 으뜸가는 법을
믿는 자이다. 나아가 위없는 법을 믿는 사람에게 다시없는 과
보가 있다.

비구들이여! 모든 승단, 혹은 무리들 가운데 여러 제자의
승단, 다시 말하면 성현의 네 가지 계위[16]를 목표로 삼고 그것
에 도달하는 사람들은 으뜸가는 사람이라 불린다. 세존의 이
같은 제자승단은 존경과 숭배를 받고 공양받고 합장받을 만하
며, 세상의 다시없는 공덕을 가져오는 곳이다. 비구들이여! 승
단을 믿는 사람들은 으뜸가는 것을 믿는 자이다. 게다가 으뜸
가는 것을 믿는 사람에게는 다시없는 과보가 있다.

비구들이여! 이것이 바로 세 가지 위없는 믿음이다."

이렇게 세존께서 말씀하시고 그에 관해 다음과 같이 설하셨
다.

　　진실로 위없는 분을 믿고 위없는 가르침을 깨달으며, 다시없는
　공양을 받을 수 있는 으뜸가는 성현을 믿고,
　　탐욕을 떠나 평온하고 안락하고 으뜸가는 가르침을 믿고, 다시없는
　공덕을 가져오는 위없는 승단을 믿고,
　　으뜸가는 분에게 보시하는 사람에게는 다시없는 공덕이 더욱 늘어
　나 최상의 수명과 아름다운 용모와 명성과 칭찬과 행복과 힘이 늘

어난다.

어진 이는 위없는 분에게 보시하고 위없는 가르침에 마음이 안정되며 천신과 인간의 위없는 것을 얻어 기뻐한다.

또한 이렇게 세존께서 설하셨다고 나는 들었다.

91. 생활

"비구들이여! 탁발은 가장 낮은 생활이다. 탁발은 세간에서 '그대는 밥을 빌며 손에 발우를 들고 돌아다니고 있다'라고 일컬어지고 있다. 더구나 비구들이여! 좋은 가문의 자식들은 올바른 목적으로 그 목적에 의해 스스로 탁발하며 다니는 것이다. 왕에게 강요된 것이 아니다. 도둑에게 강요되어서 그러한 것이 아니다. 빚이 있어서, 겁이 나서, 생계를 위해서 그러한 것이 아니다. 게다가 그는 고민하여 왔던 괴로움, 다시 말하면 나고 늙고 죽는 것과 한탄, 슬픔, 괴로움, 근심, 번뇌를 극복하고 괴로움을 소멸하여 이 모든 괴로움의 집착을 일으키는 원인의 끝을 알고 있다.

나아가, 비구들이여! 이렇게 출가한 좋은 가문의 자식들로서 욕심이 있고, 애욕으로 격정이 들끓고 성내는 마음을 품으며 삿된 생각을 품고 자제심을 잃고 마음이 확고하지 않고 통일되거나 고요하지 않으며 감각기관이 제어되지 못한 사람이 있다. 가령 양끝에는 불이 붙었고 한가운데에 똥이 묻은 장작개비가 있다고 하자. 이것은 마을에서도 숲에서도 땔감으로 쓰일

수 없다. 비구들이여! 이와 같이 이러한 사람은 재가의 즐거움
은 버렸으나 사문의 목적은 달성하지 못했다고 나는 말한다."

재가의 즐거움을 버리고 더구나 사문의 목적을 이루지 못한 사람
은 무너지는 사람이며 그는 버려진다. 장작개비가 버려지듯이.
계를 어긴 사람, 자제력이 없는 사람은 나라에서 베푸는 음식을 먹
느니보다 불꽃처럼 시뻘겋게 달아오른 쇳덩이를 삼키는 편이 나으
리라.

92. 가사

"비구들이여! 설령 비구가 나의 가사[17]를 붙잡고 내 뒤를 따
르고 나의 발자국을 따라 밟는다 해도 그가 만약 욕심이 있고
애욕의 격정에 들끓으며 성내는 마음이 있고 삿된 생각을 품
으며 자제심을 잃고 마음이 확고하지 않고 통일되거나 고요하
지 않으며 감각기관이 제어되지 못했다면 그는 내게서 멀리
떨어져 있고 나 또한 그에게서 멀리 떨어져 있다. 무슨 까닭인
가? 비구들이여! 그 비구는 진리를 보지 못한다. 진리를 보지
못한 사람은 나를 보지 못하기 때문이다.

비구들이여! 가령 그 비구가 내게서 백 요자나 거리만큼 떨
어져 살고 있어도 그가 욕심 없고 또한 감각기관을 잘 보호하
고 있다면 그는 내게 가까이 있으며 나 또한 그에게서 가까이
있다. 무슨 까닭인가? 비구들이여! 그 비구는 진리를 보았다.
진리를 본 비구는 나를 보기 때문이다."

설령 그를 따른다 할지라도 욕심이 크고 장애가 있다면, 욕심을 좇는 사람이 욕심 없는 자에게서, 열반에 도달하지 못한 사람이 열반에 도달한 사람에게서, 욕심내어 갈구하는 사람이 욕심을 떠난 사람에게서 얼마나 멀리 떨어져 있는가를 보라.

지혜로운 사람은 진리를 환히 알고 진리를 잘 알아 욕심을 떠나 호수처럼 마음이 고요하다.

욕심이 없는 사람은 욕심을 떠난 사람에게, 열반에 도달하는 사람은 열반에 있는 사람에게, 탐욕이 없는 사람은 탐욕을 떠난 사람에게서 얼마나 가까이 있는가를 보라.

93. 불

"비구들이여! 세 가지 불이 있다. 세 가지란 어떤 것인가? 욕심의 불, 성냄의 불, 어리석음의 불이다. 비구들이여! 바로 이것이 세 가지 타오르는 불이다."

욕심의 불은 탐욕에 더럽혀진 혼미한 사람들을 태우며, 성냄의 불은 원한을 품어 살생하는 사람들을 태운다. 어리석음의 불은 혼미하여 바른 진리를 알지 못하는 사람들을 태운다.

자신의 몸을 기뻐하는 사람들은 이 불들을 알지 못한다. 그들은 악마의 구속에서 풀려나지 못하여 지옥과 축생과 아수라와 아귀의 세계[18]를 더욱 늘린다.

낮이나 밤이나 바르게 깨달은 성현의 가르침에 정진하는 사람은 언제나 육체의 더러움을 관하여 욕심의 불을 끈다. 위없는 사람은 자비로써 성냄의 불을 끄고, 성스러운 길로 인도하는 지혜로써 어리석음의 불을 끈다. 불들을 끄고 밤낮으로 정진하는 현자는 남김 없

이 완전한 깨달음에 들어 모든 괴로움을 완전히 초월해 있다. 성스
러운 깨달음을 가진, 뛰어나게 지혜로운 사람은 올바른 지혜로써
생한 것은 반드시 멸한다는 사실을 알아 미혹한 생으로 나아가지
않는다.

94. 생각

"비구들이여! 비구는 다음과 같은 방법으로 사물을 생각해
야 한다. 다시 말하면 생각할 때는 밖으로 그 헤아리는 마음이
혼란하지 않고, 집착하지 않으며, 안으로 고요하고 욕심에 집
착하지 않는다. 그러한 사람에게는 미래에 두려움이 없고 나고
늙고 죽는 괴로움의 원인이 생기지 않는다."

비구가 일곱 가지 집착[19]을 버리고 어리석음으로 이끄는 것을 끊
을 때, 그의 생사윤회는 다하여 미혹한 생이 없게 된다.

95. 출생

"비구들이여! 욕망을 누리기 위한 출생이 세 가지 있다. 세
가지란 어떤 것인가? 현재의 욕망을 즐기는 자, 스스로 즐거운
경지를 만들어서 즐기는 천신, 다른 천신이 만들어 낸 욕망의
대상을 자유롭게 즐기는 천신이다. 비구들이여! 바로 이것이
욕망을 누리기 위한 세 가지 출생이다."

현재의 욕망을 즐기는 자와, 남의 욕망을 받아서 자유롭게 즐기

는 천신과 스스로 만들어서 즐기는 천신이 있다. 그들은 이곳과 저 곳에서 거듭 태어나 미혹한 세계를 넘어설 길이 없다.

지혜로운 사람은 욕망에 관한 천신과 인간의 모든 욕구를 끊을 것이다. 기쁨과 즐거움에 묶인 건너기 힘든 강을 넘어 남김 없이 완전한 깨달음에 들고 모든 괴로움을 완전히 넘어섰다.

성스러운 깨달음을 가진, 뛰어나게 지혜로운 사람은 올바른 지혜로써 생한 모든 것은 반드시 멸한다는 사실을 잘 알아 미혹한 생으로 나아가지 않는다.

96. 욕망

"비구들이여! 욕망의 속박에 붙들리고 존재의 속박에 붙들린 사람은 미혹한 세계에 단 한번 되돌아와 머무는 성자이다. 윤회의 상태에 돌아오는 사람이다. 비구들이여! 욕망의 속박은 떠났지만 존재의 속박에 붙들린 사람은 미혹한 세계로 되돌아오지 않는 성자이다. 윤회의 상태로 돌아오지 않는 사람이다. 비구들이여! 욕망의 속박과 존재의 속박을 떠난 사람은 세상의 존경을 받는 훌륭한 성자인 아라한(阿羅漢)이다. 마음의 티끌을 멸한 사람이다."

욕망의 속박과 존재의 속박에 붙들린 사람들은 윤회를 향해 가서 생사의 미혹한 세계로 되돌아오는 사람이다.

욕망은 버렸지만 마음의 티끌을 멸하지 못하여 존재의 속박에 붙들린 사람들은 미혹한 세계로 돌아오지 않는 성현이라 불린다.

그렇지만 의혹을 끊고 마음의 교만과 미혹한 생을 멸하여 마음의

티끌을 멸한 사람들은 이 세상에서 깨달음의 언덕에 도달한 사람이
다.

이상, 제 3송분(誦分)

97. 착함

"비구들이여! 계를 잘 지키고 가르침을 잘 받들고 지혜가
있는 비구는 이 가르침과 승단의 규정에 완전하고 완성된 사
람, 으뜸가는 사람이라 일컫는다. 그러면 비구들이여! 계를 잘
지키는 비구란 어떤 사람인가?

비구들이여! 여기에 계를 지키는 비구가 있으니 출가승단의
계율에 의해서 몸을 다스리고 바른 행과 행동범위를 가지며
작은 죄에도 두려움이 있다고 본다. 그리고 계율의 조항을 받
아 지니고 그것을 배운다. 비구들이여! 이와 같은 사람이 바로
계를 잘 지키는 비구이다. 이상이 계를 지키는 사람이다.

또한 가르침을 잘 받드는 사람이란 어떤 사람인가?

비구들이여! 여기에 비구는 깨달음에 이르기 위한 일곱 가
지 요건의 수행을 실천하고 있다. 비구들이여! 이와 같은 사람
이 바로 가르침을 잘 받드는 사람이다.

또한 지혜가 있는 사람이란 어떠한 사람인가?

비구들이여! 여기에서 비구는 마음의 번뇌를 멸함으로써 번
뇌가 없는 마음의 해탈과 지혜의 해탈을 현세에서 스스로 뛰
어난 지혜로써 실증하고 완전하게 갖춘다. 비구들이여! 이와

같은 사람이 바로 지혜가 있는 사람이다.

이상과 같이 계를 잘 지키고 가르침을 잘 받들고 지혜가 있는 사람은 이 가르침과 승단의 규정에 완전하고 완성된 사람이며, 으뜸가는 사람이라 일컫는다."

몸과 입과 뜻에 의해 악을 행하지 않고 안으로 마음에 부끄러움을 아는 저 비구를 계를 잘 지키는 사람이라 한다.
가르침을 잘 닦고, 깨달음으로 이끄는 가르침을 얻어 교만한 마음을 떠난 그 비구를 가르침을 잘 받든 사람이라 한다.
괴로움을 알아 바로 이 현세에서 그것을 소멸하여 마음의 더러움을 떠난 그 비구를 지혜가 있는 사람이라고 한다.
이러한 덕을 지녀 번뇌가 없고 의혹을 끊고 모든 세계를 의지하지 않는 사람은 모든 것을 버린 사람이라 한다.

98. 보시

"비구들이여! 두 가지 보시가 있다. 물질적인 재산의 보시와 정신적인 진리의 보시가 그것이다. 비구들이여! 이 두 가지 보시 가운데 진리의 보시가 가장 훌륭하다.

비구들이여! 두 가지 분배가 있다. 재산의 분배와 진리의 분배가 그것이다. 비구들이여! 이 두 가지 분배 가운데 진리의 분배가 가장 훌륭하다.

비구들이여! 두 가지 은혜가 있다. 재산의 은혜와 진리의 은혜가 그것이다. 비구들이여! 이 두 가지 은혜 가운데 진리의 은혜가 가장 훌륭하다."

세존께서 분배로써 말씀하신 것을 으뜸가는 위없는 보시라고 사람들이 말한다. 현명하며 깨끗한 마음을 지닌 사람이라면 그 누가 이러한 으뜸가는 복을 낳는 것에 대해 항상 공양하지 않을 수 있을까?

참으로 깨달음에 잘 도달한 성현의 가르침을 말하고 듣는 사람은 그에 대해서 깨끗한 마음을 가진 사람이다. 깨달음에 잘 도달한 성현의 가르침을 부지런히 수행할 때, 그들에게 으뜸가는 목적(아라한과)이 청정해진다.

99. 바른 행

바로 이와 같은 것을 아라한 세존께서 설하셨다고 나는 들었다.

"비구들이여! 나는 바른 행으로써 세 가지 초인적인 힘을 갖춘 사람을 바라문이라 규정한다. 오직 주문만을 외는 사람을 바라문이라 규정하지는 않는다. 무슨 까닭인가?

비구들이여! 여기에서 비구는 전생의 갖가지 지나온 생애를 회상해 본다. 즉, 하나의 생애, 두 가지 생애, 내지 열 가지, 스무 가지, 백 가지, 만 가지의 생애를 회상해 본다. 나아가 세계가 파괴하던 시기, 이루어지던 시기, 파괴와 성립이 함께 있던 시기들을 생각해 본다. '나는 그곳에서는 이와 같은 이름이었다. 이와 같은 성, 이와 같은 계급이었다. 이와 같은 것을 먹었고 이와 같은 즐겁고 괴로운 일을 경험하였고 수명은 이러했다. 그곳에서 죽어서 다른 곳에 태어났다. 나는 저곳에서는 이

272

와 같은 이름이었다. 이와 같은 성 내지 수명은 이러했다. 저 곳에서 죽어서 다른 곳에 태어났다'라고. 이와 같이 그는 구체적인 모습과 상황을 포함한 전생의 갖가지 생애를 회상해 낸다. 이것이 그가 도달한 첫번째 초인적인 능력이다. 진실에 반대되는 어리석음이 멸하고 깨달음의 지혜가 생긴다. 어두움이 멸하고 빛이 생긴다. 그것은 게으르지 않고 부지런히 정진하고 몰두해 있을 때와 같다.

또한 비구들이여! 비구는 청정하고 예사스럽지 않은 초인적인 눈으로 중생을 관찰한다. 죽거나 살아가고 있는 사람, 열등하거나 훌륭하거나 아름답거나 추한 사람, 행복하거나 불행하거나 행동에 따라 경험하는 사람을 본다. 이러한 중생들은 몸과 입과 뜻으로 짓는 나쁜 행동을 항상 하고 있다. 그들은 성현을 비난하고 그릇된 견해를 가지며 그릇된 견해의 과보를 받고 있다. 그들은 죽어서는 괴롭고 나쁜 곳인 지옥에 태어난다. 그에 반해 또 다른 중생들은 몸과 입과 뜻으로 짓는 착한 행동을 항상 하고 있다. 그들은 성현을 비난하지 않고 바른 견해를 가지고 바른 견해의 과보를 받고 있다. 그들은 죽어서는 즐거운 곳인 하늘에 태어난다. 이상과 같이 청정하고 예사롭지 않은 초인적인 눈으로 온갖 종류의 중생을 본다. 비구들이여! 이것이 그가 도달한 두 번째 초인적인 능력이다. 진실에 반대되는 어리석음이 멸하고 깨달음의 지혜가 생긴다. 어두움이 멸하고 빛이 생긴다. 그것은 게으르지 않고 부지런히 정진하고 몰두해 있을 때와 같다.

나아가 또한 비구들이여! 비구는 마음의 더러움을 소멸함으

로써 마음의 해탈과 지혜의 해탈을 이 현세에서 스스로 뛰어
난 지혜로써 실증하고 완전하게 갖추고 있다. 이것이 그가 도
달한 세 번째 초인적인 능력이다. 진실에 반대되는 어리석음이
멸하고 깨달음의 지혜가 생긴다. 어두움이 멸하고 빛이 생긴
다. 그것은 게으르지 않고 부지런히 정진하고 몰두해 있을 때
와 같다.

　비구들이여! 이와 같이 나는 바른 행에 의해서 세 가지 초
인적인 능력을 갖춘 사람을 바라문이라 한다. 단지 주문만을
외는 사람은 바라문이 아니다."

　이렇게 세존께서 말씀하시고 그에 관해 다음과 같이 설하셨
다.

　　전생의 삶과 하늘과 지옥을 아는 사람을 나는 바라문이라 한다.
　단지 주문만을 외는 사람이 바라문은 아니다.
　전생을 알고 하늘과 지옥을 보고 또한 미혹한 생을 멸한 사람은 초
　인적인 능력을 갖춘 성자이다. 이 세 가지 초인적인 능력에 의해
　세 가지 초인적인 능력을 갖춘 사람은 바라문이다. 그 사람을 나는
　바라문이라 하며 그저 주문만을 외는 사람을 말하지는 않는다.

　또한 이렇게 세존께서 설하셨다고 나는 들었다.

이상, 제5장
끝맺는 시구

　믿음⑨, 생활⑨, 가사⑨, 불⑨, 생각⑨, 출생⑨, 욕망⑨, 착함⑨,

보시⑱, 바른 행⑲, 이상 10경이다.

〈3부〉가 끝남.

4부

100. 바라문

바로 이와 같은 것을 아라한 세존께서 설하셨다고 나는 들었다.

"비구들이여! 나는 구원에 응하며, 언제나 깨끗한 손을 가진, 더 이상 미혹한 생을 되풀이하지 않는 바라문이다. 다시없는 내과의사이고 외과의사이다. 그대들은 나의 아이들이다. 나의 입에서 태어났고 진리에서 태어났고 진리에 의해 만들어진 아이들이다. 정신적인 진리의 후손이지 재산의 후계자가 아니다.

비구들이여! 두 가지 보시가 있다. 재산의 보시와 진리의 보시가 그것이다. 비구들이여! 이들 두 가지 보시 가운데 진리의 보시가 훌륭하다.

비구들이여! 두 가지 분배가 있다. 재산의 분배와 진리의 분배가 그것이다. 비구들이여! 이 두 가지 분배 가운데 진리의 분배가 훌륭하다.

비구들이여! 두 가지 은혜가 있다. 재산의 은혜와 진리의 은혜가 그것이다. 비구들이여! 이 두 가지 은혜 가운데 진리의 은혜가 훌륭하다.

비구들이여! 두 가지 공양이 있다. 재산의 공양과 진리의 공양이 그것이다. 비구들이여! 이 두 가지 공양 가운데 진리의 공양이 훌륭하다."

이렇게 세존께서 말씀하시고 그에 관해 다음과 같이 설하셨다.

여래는 아낌없이 진리를 공양하며 모든 중생을 가여워한다. 이 같은 분에게 경배하나니 그는 사람과 천신 가운데 가장 훌륭한 사람이며, 미혹한 생으로부터 깨달음의 언덕에 도달한 여래이시다.

또한 이렇게 세존께서 설하셨다고 나는 들었다.

101. 네 가지

"비구들이여! 네 가지가 있으니 이것은 작은 것이고 얻기 쉬운 것이며 얻어도 죄가 되지 않는 것이다. 네 가지란 어떤 것인가?

비구들이여! 옷 가운데에 조각을 짜맞추어 지은 옷(糞掃衣)이 있으니 이 옷은 작은 것이고 얻기 쉬운 것이며 얻어도 죄가 되지 않는 것이다.

비구들이여! 먹을 것 가운데에 탁발에 의해 얻어진, 생명을 유지하기 위한 음식은 작은 것이고 얻기 쉬운 것이며 얻어도 죄가 되지 않는 것이다.

비구들이여! 거처 가운데에 나무 밑은 작은 것이고 얻기 쉬운 것이며 얻어도 죄가 되지 않는 것이다.

비구들이여! 약품 가운데에 소의 오줌을 발효시킨 약은 작은 것이고 얻기 쉬운 것이며 얻어도 죄가 되지 않는 것이다.

비구들이여! 이것이 참으로 작은 것이며 얻기 쉬운 것이고 얻어도 죄가 되지 않는 것이니 비구가 이에 만족할 때 나는 이것을 사문의 한 요소라 말한다."

얻어도 죄가 되지 않는 것, 작은 것, 얻기 쉬운 것에 만족하는 사람에게는 머물 곳과 옷과 음식에 관해 고민이 없다. 그런 사람은 번거롭게 어느 곳으로 가야만 그것이 얻어지리라고 생각하지 않는다. 사문이 닦아야만 될 바른 행이란 족함을 알고 노력하는 비구에 의해 보존된다.

102. 아는 사람

"비구들이여! 알고 보는 사람에게는 마음의 번뇌가 멸한다고 나는 설한다. 아는 것이 없는 사람, 보는 것이 없는 사람에게는 번뇌가 소멸하지 않는다. 그렇다면 비구들이여! 무엇을 알고 보는 사람에게 마음의 번뇌가 멸하는 것인가?

비구들이여! 이것은 괴로움이라고 알고 보는 사람에게 마음의 번뇌가 멸한다. 비구들이여! 이것은 괴로움의 집기(集起)라고, 이것은 괴로움의 멸함이라고, 이것은 괴로움의 멸함에 이

르는 길이라고 알고 보는 사람에게 마음의 번뇌가 멸한다. 비
구들이여! 바로 이와 같이 알고 보는 사람에게 마음의 번뇌가
멸한다."

　바른 길을 걸어 수행에 힘쓰는 수행자에게 마음의 번뇌의 소멸에
대한 최초의 지혜가 생긴다. 그로 인해 위없는 지혜가 있다.
　그로부터 지혜에 의한 완전한 해탈을 얻은 사람에게는 최초의 해탈
의 지혜가 있고 '속박은 이미 없어졌다'라는 마음의 번뇌의 소멸에
대한 지혜가 생긴다.
　그러나 게을러 노력하지 않는 사람, 어리석은 사람은 모든 속박으
로부터의 해방, 열반에 도달할 수 없다.

103. 사문

"비구들이여! 어떤 사문, 바라문일지라도 그것은 괴로움이라
고 참다이 이해하지 못하고 이것은 괴로움의 집기, 괴로움의
멸함, 괴로움의 소멸에 이르는 길이라고 참다이 이해하지 못하
는 사람이라면 나는 그를 일러 사문이라거나 바라문이라 하지
않는다. 또한 그들을 사문 중의 사문, 바라문 중의 바라문이라
고 생각하지도 않는다. 그리고 또한 그들 자신에게 훌륭한 능
력이 있어서 현세에서 사문의 뜻과 바라문의 뜻을 실증하고
완전하게 갖추고 있는 것도 아니다.

　비구들이여! 그러나 어떤 사문, 바라문일지라도 이것은 괴로
움이라고 참다이 이해하고 이것은 괴로움의 집기, 괴로움의 멸
함, 괴로움의 소멸에 이르는 길이라고 참다이 이해한다면 나는

그를 일러 사문, 바라문이라 한다. 그들을 사문 중의 사문, 바라문 중의 바라문이라고 생각한다. 그리고 그들 자신에게 훌륭한 능력이 있어서 현세에서 사문의 뜻과 바라문의 뜻을 실증하고 완전하게 갖추고 있는 것이다."

괴로움과 괴로움의 집기를 알지 못하고 또한 괴로움을 남김없이 두루 멸하는 것을 알지 못하며, 나아가 괴로움의 소멸에 이르는 길을 알지 못하는 사람들은 마음의 해탈과 지혜의 해탈을 잃고 괴로움을 뿌리뽑을 수 없어 나고 늙는 괴로움에 이르게 된다.

그러나 괴로움과 괴로움의 집기를 알고 또한 괴로움을 남김없이 두루 멸하는 것을 알며,

나아가 괴로움의 소멸에 이르는 길을 아는 사람들은 마음의 해탈과 지혜의 해탈을 갖추고 괴로움을 뿌리뽑을 수 있으며 나고 늙는 괴로움을 뛰어넘는다.

104. 계

"비구들이여! 계와 선정과 지혜를 몸에 지니고, 해탈과 해탈을 얻었음을 깨닫는 지혜를 몸에 지닌 비구는 가르침을 잘 깨우친 사람이다. 가르침을 주는 사람이고 설해 주는 사람이며, 권하여 인도하는 사람이다. 격려하는 사람이고 기쁨을 주는 사람이며, 바른 가르침을 분명하게 설명하는 사람이다. 비구들이여! 나는 이와 같은 비구들과의 만남은 유익한 일이라 말한다. 비구들이여! 나는 이와 같은 비구들로부터 듣는 것은 유익한 것이라 말한다. 이와 같은 비구들에게 다가가는 일은 매우 유

익하다고 말한다. 이와 같은 비구들을 존경하는 일은 매우 유익하다고 말한다. 이와 같은 비구들을 따라 출가하는 것은 매우 유익하다고 말한다. 그 이유는 무엇인가?

비구들이여! 이와 같은 비구들을 섬기고 봉사하고 존경하는 사람은 계의 덩어리(戒蘊)를 완전하게 수행하지 않았어도 그것을 완전하게 수행하게 된다. 또 선정의 덩어리(定蘊), 지혜의 덩어리(慧蘊), 해탈의 덩어리(解脫蘊) 그리고 해탈을 얻었다고 깨닫는 지혜의 덩어리(解脫知見蘊)를 완전하게 수행하지 않았어도 그것을 완전하게 수행하게 된다.

나아가 비구들이여! 이와 같은 비구들은 교사라고 할 수 있다. 대상(隊商)의 지도자라 할 수 있다. 탐욕을 버린 사람이라고 할 수 있다. 어둠을 깬 사람이라 할 수 있다. 빛을 내는 사람이라 할 수 있다. 빛나는 사람이라 할 수 있다. 광채가 있는 사람, 횃불을 내건 사람, 횃불을 가져오는 사람이라 할 수 있다. 성자라고 할 수 있다. 눈을 가진 사람이라 할 수 있다."

잘 깨달은 사람, 다시 말해 스스로 수행한 성자이며 바르게 살아가는 사람에게는 기쁨을 이루는 일이 있다.
등불을 가져온 사람, 빛을 놓은 사람, 어진 사람, 눈을 갖춘 사람, 탐욕을 버린 사람은 올바른 가르침을 빛내고 밝힌다.
지혜로운 사람은 진실로 그들의 가르침을 듣고 완전하게 이해하여 더 이상 태어나는 일이 없을 것을 깨달아 두 번 다시 미혹한 생을 향하지 않는다.

105. 욕심

"비구들이여! 비구들에게 욕심이 일어날 경우, 욕심을 낳는 네 가지 원인이 있다. 네 가지란 어떤 것인가?

비구들이여! 옷 때문에 비구에게 욕심이 일어난다. 혹은 탁발에서 얻어지는 음식 때문에 비구에게 욕심이 일어난다. 침구 때문에 비구에게 욕심이 일어난다. 갖가지 인생의 성패 때문에 비구에게 욕심이 일어난다. 비구들이여! 이것이 바로 욕심이 일어나는 네 가지 원인이다."

욕심을 벗으로 삼는 사람은 오래도록 미혹한 세계를 떠돌아다닌다. 이곳과 저곳에서의 생을 되풀이하여 미혹한 세계를 뛰어넘을 길이 없다.

이것은 잘못된 일이라고 알고 욕심이 괴로움을 일으킨다고 알아, 욕심을 떠나고 집착하지 않으며 정진하는 비구는 유행(遊行)할 만하다.

106. 범천

"비구들이여! 부모가 자식들에게 존경받고 있는 가정은 범천과 함께하는 가정이다. 옛 천신과 함께하는 가정이다. 옛 스승과 함께하는 가정이다. 숭배를 받는 사람과 함께하는 가정이다. 비구들이여! 범천이란 곧 부모를 일컫는다. 옛 천신, 옛 스승, 숭배를 받는 사람이란 부모를 일컫는다. 그것은 무슨 까닭

인가? 비구들이여! 부모는 자식들에게 큰 도움이 되는 사람이
기 때문이며, 돌보는 사람, 기르는 사람이기 때문이며, 현세의
지도자이기 때문이다."

부모는 범천, 옛 스승이라 불리며 나아가 자식들에게 숭배받은
사람이며, 자손을 사랑한다.
그러므로 진실로 지혜로운 사람이라면 부모를 숭배하라, 존경하라.
음식과 의복과 침구와 몸에 향을 발라 드리는 일과 목욕과 두 발을
씻겨 드리는 일로써 공양하라.
지혜로운 사람은 부모를 이와 같이 섬김으로써 현세에서는 사람들
의 찬양을 받고 죽어서는 하늘의 즐거움을 누린다.

107. 크게 도움을 주는 사람

"비구들이여! 바라문과 재산가는 그대들에게 크게 도움을
주게 된다. 그들은 옷과 음식 그리고 침구와 약품을 그대들에
게 공양하기 때문이다. 비구들이여! 그대들도 또한 바라문과
재산가에게 크게 도움을 주게 된다. 그대들은 처음도 좋고 중
간도 좋고 마지막도 좋으며 내용과 문구를 잘 갖춘 가르침을
펼쳐 순수하고 완전하고 깨끗한 수행을 밝혀 주기 때문이다.
이처럼 비구들이여! 서로 의지하여 번뇌의 세찬 물살을 뛰어
넘기 위하여, 괴로움을 완전하게 소멸하기 위하여 깨끗한 수행
을 실천해야 한다."

집 있는 자와 집 떠난 이가 서로 의지하여 올바른 진리이며 다시

없는 안락에 도달한다.

집 떠난 이는 집 있는 자로부터 옷과 생활필수품과 침구, 약품을 받는다. 또한 재가인인 가장은 깨달음에 잘 도달한 성자에게 의지하고 세상의 존경받을 자격 있는 성자를 믿어 성스러운 지혜로써 선정에 든다. 그들은 현세에서 즐거운 경지에 도달하는 길, 다시 말하면 성자의 가르침을 닦아 하늘에서 소망과 기쁨을 얻어 스스로 즐긴다.

108. 헐뜯음

"비구들이여! 어떤 비구라도 사람을 헐뜯고 외고집이며 수다스럽고 교활하며 거만하고 마음이 들떠 있다면 그와 같은 비구는 나를 믿고 따르는 사람이 아니다. 비구들이여! 그와 같은 비구들은 나의 가르침과 계율에서 떨어져 있다. 또한 비구들이여! 그와 같은 비구들은 나의 가르침과 계율에서 발전과 번영을 얻을 수 없다.

그러나 비구들이여! 비구들이 진실로 사람을 헐뜯지 않고 마음이 고요하게 안정되어 있다면 그와 같은 비구는 나를 믿고 따르는 사람이다. 비구들이여! 그와 같은 비구들은 나의 가르침과 계율에서 떨어져 있는 것이 아니며 발전과 번영을 얻을 수 있는 것이다."

사람을 헐뜯고 옹고집이며 수다스럽고 교활하며 거만하고 마음이 들떠 있는 사람은 바르게 깨달은 성현의 가르침 속에서 자라날 수 없다.

사람을 헐뜯지 않고 과묵하고 현명하며 고집을 부리지 않고 능히 마음을 안정되게 하는 사람은 실로 바르게 깨달은 성현의 가르침 속에서 자라난다.

109. 사람들

"비구들이여! 예를 들어 어떤 사람이 강의 흐름을 즐기고 놀며 떠내려가려고 할 때 눈이 예리한 사람이 언덕에 서 있다가 그런 그를 발견하고 다음과 같이 말할 것이다.

'여보게! 자네가 강의 흐름을 즐기고 놀며 떠내려가려고 하지만 이 강의 하류에는 파도와 소용돌이가 치며, 악어가 있고 악귀가 사는 호수가 있네. 그러면 자네는 그 호수에 도착해서 죽거나 그렇지 않으면 죽도록 심한 고통을 받을 것이네.'

그때 비구들이여! 그 사람은 그런 외침을 듣고 손발을 움직여 흐름을 건너려고 노력할 것이다.

비구들이여! 나는 다음과 같은 뜻을 가르치기 위해서 그러한 비유를 설한 것이다. 즉, 강의 흐름이란 욕심을 말한다. 즐기고 놀려고 한다는 것은 지각(知覺)이 이루어지는 내적인 여섯 가지의 장(場)[20]을 말한다. 하류에 있는 호수란 욕망이 치열하게 일어나는 세계에 묶인 다섯 가지 속박[21]을 말한다. 파도친다는 것은 성냄과 번뇌를 말한다. 소용돌이는 다섯 가지 감각의 욕망을 말한다. 악어와 악귀가 살고 있다는 것은 애욕을 말한다. 흐름을 건너려 한다는 것은 미혹한 세계를 떠나는 것을 말한다. 손과 발로 노력한다는 것은 노력과 정진을 말한다.

언덕에 서 있는 눈이 예리한 사람은 여래세존, 아라한을 말한
다.”

　　미래에 휴식을 바란다면 괴로움과 함께 갖가지 욕망을 버려야 한
다. 바른 지혜를 가지고 마음이 속박에서 떠난 사람은 가는 곳마다
해탈에 이른다.
　　그는 진리를 잘 아는 사람, 깨끗한 수행을 실천하는 사람, 미혹한 세
계의 종말을 아는 사람, 깨달음의 언덕에 도달한 사람이라 불린다.

110. 걸어다님

　　“비구들이여! 만약 걸어다닐 때에 애욕에 집착된 생각이 일
어나도, 성냄과 타인을 해치려는 마음에 집착된 생각이 일어나
도 만일 그것을 받아들여서 버리지 못하고 없애지 못하며, 근
절시키지 못하고 소멸하지 못한다면 비구들이여! 그렇게 되는
비구는 정진하지 않는 사람이라 불린다. 부끄러움을 알지 못하
는 사람, 언제나 게으른 사람, 서둘러 노력하지 않는 사람이라
불린다.
　　비구들이여! 만약 멈춰 서 있을 때에, 앉아 있을 때에, 누워
있을 때에 애욕에 집착된 생각이 일어나도, 성냄과 타인을 해
치려는 마음에 집착된 생각이 일어나도 만일 그것을 받아들여
서 버리지 못하고 없애지 못하며 근절시키지 못하고 소멸하지
못한다면, 비구들이여! 그는 정진하지 않는 사람이라 불린다.
부끄러움을 알지 못하는 사람, 게으른 사람, 서둘러 노력하지
않는 사람이라 불린다.

그러나 비구들이여! 만약 걸어다닐 때에 애욕에 집착된 생각이 일어나도, 성냄과 타인을 해치려는 마음에 집착된 생각이 일어나도 그것을 받아들이지 않고 버리고 근절하며 소멸한다면 비구들이여! 그는 정진하는 사람이라 불리고 부끄러움을 아는 사람, 항상 노력하고 서두르는 사람이라 불린다. 비구들이여! 만약 멈춰 서 있을 때에, 앉아 있을 때에, 누워 있을 때에 애욕에 집착된 생각이 일어나도, 성냄과 타인을 해치려는 마음에 집착된 생각이 일어나도 그것을 받아들이지 않고 버리고 근절하며 소멸한다면 비구들이여! 그는 정진하는 사람이라 불리고 부끄러움을 아는 사람, 항상 노력하고 서두르는 사람이라 불린다."

걸어다니건 멈춰 서 있건 앉아 있건 혹은 누워 있건 사악하고 집에 매여 있고 세속적인 생각을 품은 사람은, 삿된 길을 걷고 현혹된다. 이러한 비구는 으뜸가는 깨달음에 다다를 수 없다.
걸어다니건 멈춰 서 있건 앉아 있건 혹은 누워 있건 세속적인 생각을 그치고 세속적인 생각이 고요해지는 것을 즐긴다. 이러한 비구는 으뜸가는 깨달음에 다다를 수 있다.

111. 몸에 지니는 것

"비구들이여! 계율을 몸에 지녀야 한다. 출가승단의 계율을 몸에 지니고, 출가승단의 계율에 따라 몸을 자제하라. 올바른 행과 행동범위를 지니고 작은 죄에도 두려움을 갖고 계율의 항목들을 수지하고 배워라. 비구들이여! 계율을 지니고 작은 죄에도 두려움을 갖고 계율의 항목을 수지하고 배우는 사람에게는 나아가 해서는 안 될 일이 있다. 그것은 다음과 같다.

비구들이여! 비구가 걸어다닐 때, 멈춰 서 있을 때, 앉아 있을 때, 누워 있을 때에 탐욕을 떠나고 성냄을 떠나며 마음의 침울함과 가라앉는 것을 떠나고, 마음이 흥분이나 후회를 떠나고 의심을 버린다. 또한 서둘러 정진하고 물러서지 않으며 생각이 안정되어 혼란하지 않고 몸은 가볍고 편안하고 냉정하며 마음은 통일되어 한 가지 대상에 향해 있다. 비구들이여! 이러한 비구는 정진하는 사람이라 불리고 부끄러움을 아는 사람이라 불리며 항상 노력하는 사람이라 불린다.”

비구는 스스로를 다스리며 걷는 것이 좋다. 스스로를 다스리며 멈춰 서 있거나 앉아 있거나 눕는 것이 좋다. 손발을 오므리고 펼 때도 스스로를 다스리는 것이 좋다.
위에서나 옆에서나 뒤에서나 중생이 존재하고 있는 곳 어디에서나 존재의 모든 구성요소[22]가 생기고 멸하는 것을 그는 본다.
이와 같이 계율을 몸에 지니고 정진하고 고요한 생활을 하며 안정되고 마음이 고요하게 되는 것을 좋아하며 항상 배우고 생각하는 비구를, 언제나 정진하는 사람이라 한다.

112. 세계

바로 이와 같은 것을 아라한 세존께서 설하셨다고 나는 들었다.

“비구들이여! 여래는 세계를 완전히 깨달았고 세계에서 자유로워 있다. 여래는 세계가 생겨나는 원인을 완전하게 깨달았으며 그 원인을 버렸다. 여래는 세계의 멸함을 완전하게 깨달았고 그 멸함을 체득하고 있다. 여래는 세계의 멸함에 도달하는 길을 완전하게 깨달았고 그 길을 실천한다.

비구들이여! 하늘과 악마와 범천의 세계를 포함한 모든 세계에 살고 있는, 사문과 바라문, 천신과 인간을 포함한 모든 중생들에 의해 보여지는 것, 들리는 것, 생각될 수 있는 것, 알 수 있는 것, 도달될 수 있는 것, 구할 수 있는 것 그리고 마음으로 생각할 수 있는 것을 여래는 완전하게 깨달았다. 그러한 까닭에 여래라 불린다.

비구들이여! 여래가 이러한 위없는 깨달음을 여신 밤부터 육체의 속박을 떠난 니르바나에 든 밤까지 그 동안에 대화하고 말하고 가르친 것 모두는 진실하다. 진실에 어긋난 것은 없었다. 그러한 까닭에 여래라 불린다.

비구들이여! 여래는 가르친 대로 행하고 행하는 대로 가르친다. 그러한 까닭에 여래라 불린다.

비구들이여! 하늘과 악마와 범천의 세계를 포함한 모든 세계에 살고 있는 사문과 바라문, 천신과 인간을 포함한 모든 중생들 가운데 여래는 정복자이다. 또한 정복당한 일이 없는 사람이고, 두루 바라보는 사람, 전지전능한 존재이다. 그러한 까닭에 여래라 불린다."

모든 세계에서 모든 세계를 있는 그대로 알고, 모든 세계로부터 떠난 사람은 모든 세계에 집착하지 않는다.

저 현자는 모든 것을 정복하고, 모든 속박에서 해방되어 있다. 그 경지에 든 사람에게는 위없는 고요함, 어느 것으로부터도 두려움이 없는 열반이 있다. 그는 마음의 번뇌를 멸한, 깨어 있는 사람이며 번뇌가 없고 의혹을 끊었다. 모든 업을 멸하고, 집착의 근본이 되는 이 몸과 마음을 소멸하여 해탈해 있다.

그가 바로 세존이요, 깨어 있는 성자이고, 동물의 왕 사자이다. 하늘을 포함한 세계를 위해 그는 위없이 훌륭한 진리의 바퀴를 굴린다. 성자가 이와 같음을 알고 그에게 귀의한 하늘과 인간들은 모두 모여 위대하고 확신 있는 분께 예배한다.

"길들이는 사람 가운데 가장 훌륭한 조련사이시고 고요한 사람 가운데 가장 성스러운 분이시다. 해탈을 얻은 분 가운데 으뜸가는 해탈을 얻은 분이시고 건네 주는 사람 가운데 위없는 분이시다."

이렇게 말하며 위대하고 확신에 차 있는 분께 예배한다. "하늘을 포함한 우주에서 당신만한 이는 존재하지 않으리다"라고.

또한 이렇게 세존께서 설하셨다고 나는 들었다.

끝맺는 시구

바라문⑩, 네 가지⑩, 아는 사람⑬, 사문⑬, 계⑭, 욕심⑮, 범천⑯, 크게 도움을 주는 사람⑰, 헐뜯음⑱, 사람들⑲, 걸어다님⑳, 몸에 지니는 것㉑, 세계㉒로써 13경이다.

〈4부〉가 끝나다.

이상이 이티붓타카의 112경이다.
—이티붓타카 끝—

본문에 대한 주[註]

기쁨의 언어(우다나)에 관한 주
진리의 언어(이티붓타카)에 관한 주
(숫자는 주[註] 번호를 가리킴)

기쁨의 언어(우다나)에 관한 주(註)

1) 아라한(阿羅漢) — 존경과 공양을 받을 자격이 있는 사람이란 뜻. '응공(應供)'으로도 번역. 모든 번뇌를 떠난 사람에 대한 존칭. 때로는 붓다의 열 가지 호칭[如來十號] 가운데 하나로도 쓰인다.

2) 세존(世尊) — 석가모니(석존, 고타마)의 존칭.

3) 해탈(解脫) — 정신적인 해방, 번뇌의 속박을 떠나 미혹한 생의 고통에서 벗어나는 것.

4) 삼매(三昧) — 자세를 바로하고 호흡을 정돈하며 마음을 고요히 하는 수행으로 마음의 산란함을 그치고 편안하고 고요한 상태에 몸과 마음이 머무는 것.

5) 연기(緣起) — 모든 것은 갖가지 원인을 연(緣)하여 그 결과로써 일어나는(生起) 것을 뜻함.

6) 바라문 — 고대인도사회의 4계급 가운데 첫번째인 사제계급에 속하는 사람(4계급은 4성(四姓)이라고도 한다. [주 46] '캇티야' 이하 참고할 것). 그러나 경전에는 종종 혈통에 따른 계급의 의미보다는 참으로 훌륭하고 빼어난 수행자의 의미로 사용되는 예가 많다.

7) 법(法) — 붓다가 발견한 진리. 또한 그 진리를 설하는 가르침.

8) 베다 — 바라문교(敎)의 오래된 성전, '지식'이란 뜻. 여기에서 '베다에 통달했다'라는 것도 '참다운 지식을 완전히 얻었다'는 뜻.

9) 탁발(托鉢) — 발우를 들고 먹을 것을 빌러 다니는 것.

10) 야차(夜叉) — 일종의 귀신. 또는 정령(精靈). 공중이나 땅속을 빠르게 돌아다닌다.

11) 체티야―고분(古墳), 영묘(靈廟). 신성시되는 땅에 세워진 무덤. 대개는 그곳에 나무가 자라는데 종종 그 나무도 함께 신성시된다.

12) 경행(經行)―일정한 장소를 돌거나 왕복하며 조용히 걷는 일. 심신을 다스리고 졸음을 쫓기 위한 일종의 운동.

13) 열반(涅槃)―번뇌의 불이 꺼지고 깨달음의 지혜가 나타나는 고요한 경지. 불교가 추구하는 이상의 경지.

14) 붓다―진정으로 정신적인 깨달음에 다달은 사람. 깨달음을 얻은 사람. '佛' 또는 '佛陀'로도 쓴다. 여기에서는 석가모니불(고타마 붓다)을 가리킨다.

15) 삼십삼천(三十三天)―하늘 가운데 하나. 세계의 중심에 있다는 수미산 정상에 넓게 펼쳐진 하늘. 가운데 제석천이 있고 사방에 각각 8명의 하늘무리(天衆)가 있으므로 모두 삼십삼천이 된다.《이티붓타카》에 관한 [주 2] '광음천' 참조.

16) 인드라―제석천. 본래 베다신화에서 유래하던 신인데 불교에서는 범천(梵天; 브라흐마―[주 60] '범천' 참조)과 함께 불법을 수호하는 유력한 천신으로 여겨지고 있다.

17) 무루(無漏)―루(漏)는 번뇌를 의미한다. 무루란 번뇌가 없는 것, 번뇌로 더럽혀지지 않는 것, 번뇌의 작용을 받지 않는 것.

18) 세 가지 지혜―숙명통(宿命通)이란 중생의 지난 세상의 모습을 아는 지혜를 가리키고 천안통(天眼通)은 크고 작음, 멀고 가까움, 드러나고 숨어 있는 모든 것을 꿰뚫어보는 지혜. 누진통(漏盡通)은 번뇌를 모두 끊은 지혜.

19) 부동삼매(不動三昧)―마음이 전혀 동요되지 않는 삼매. '사선(四禪)' 또는 '사정려(四靜慮)'라 불리는 삼매의 네 단계 가운데 처음의 삼선(三禪)은 유동삼매(有動三昧)인 데 반해 제4선은 부동삼매라 한다.

20) 여섯 가지 부딪쳐 들이는 곳(六觸處) ─ 외적인 대상에 닿는 내적인 여섯 가지 감각기관. 눈·귀·코·혀·몸·의지를 가리킨다. 앞의 다섯 가지는 각각 시각·청각·후각·미각·촉각의 기능이며 의지는 다섯 가지 감각기관을 종합하는 주체적인 기능을 한다.《이티붓타카》[주 20] '지각이 이루어지는 내적인 여섯 가지 장' 참조.

21) 아수라(阿修羅) ─ 귀신의 일종. 아수라는 종종 제석천을 왕으로 하는 삼십삼천의 신들과 전투를 벌인다고 한다. 여기서는 아수라의 딸이 제석천에게 복종하여 봉사하고 있다.

22) 코샤 ─ 인드라(제석천)의 호칭. 원뜻은 '날카로운 발톱이 달린 발을 가진 것'이란 뜻으로 올빼미를 의미한다.

23) 공덕(功德) ─ 착한 일을 한 자에게 반드시 따르는 덕.

24) 계 ─ 몸으로 저질러서는 안 되는 일을 경계하는 것. 특히 ① 생명을 해치는 것, ② 훔치는 일, ③ 삿된 이성 관계, ④ 거짓말, ⑤ 음주의 다섯 항목은 엄격하게 금해야 하는 5계이다.

25) 바라제목차(波羅提木叉) ─ 비구, 비구니가 지켜야만 할 계율의 조항을 모두 모아 열거한 것.

26) 부정관(不淨觀) ─ 시체가 시간이 지남에 따라 차츰 추악하게 변해 가는 과정을 단계적으로 바라보며 인간의 육체가 깨끗하지 못함을 깨달아 육체에 대한 애욕을 떠나는 실천수행법.

27) 자비관(慈悲觀) ─ 모든 중생에 대하여 자비심을 일으켜 성내는 마음을 없애는 실천수행법.

28) 수식관(數息觀) ─ 호흡을 정돈해서 산란한 마음을 한곳에 정지시키는 실천수행법.

29) 무상관(無常觀) ─ 모든 존재는 시간과 함께 달라져 간다고 깨달아 상주불변하는 자아(自我)에 대한 관념이나 자기의식을 떠나는 실천수행법.

30) 악취(惡趣) — 나아가게 되는 나쁜 경지라는 뜻. 미혹한 윤회세계 가운데 인간이나 하늘의 세계에 비해 열악한 경지인 지옥·아귀·축 생을 가리킨다.

31) 라타나 — 길이의 단위. 1라타나는 약 30센티미터.

32) 니귀(泥鬼) — 인간의 정기(精氣)나 피를 빨아먹는 귀신으로 진흙 속에서 산다.

33) 두타(頭陀) — 의식주에 대한 애착을 엄격하게 배제해서 몸과 마 음을 수련하는 일.

34) 율(律) — 출가자의 생활규범.

35) 생사윤회 — 미혹한 생을 반복하는 일.

36) 도솔천(兜率天) — 하늘이 수많은 층으로 나누어진 가운데 밑에서 헤아려 네 번째의 하늘. 삼십삼천보다 두 계단 높다.《이티붓타카》 의 [주 2] '광음천' 참조.

37) 보살(菩薩) — 아직 부처가 되지는 않았지만 장차 반드시 부처가 될 것으로 결정된 사람. 여기에서는 아직 부처가 되기 전의 세존을 가리킨다.

38) 보시(布施) — 사람에게, 특히 출가인에게 물건을 베풀어 공덕을 쌓는 일.

39) 고·집·멸·도(苦·集·滅·道) — ① 생은 모두 괴로움이다(苦), ② 괴로 움은 갈애와 같은 욕망의 덩어리에서 일어난다(集), ③ 욕망의 소 멸이 괴로움의 소멸이다(滅), ④ 괴로움의 소멸에 이르는 데에는 여덟 가지 성스러운 길(八正道 ; 바른 견해, 바른 생각, 바른 말, 바 른 행, 바른 생활, 바른 노력, 바른 기억, 바른 선정)이 있다(道). 이것을 사제(四諦)라고 한다.

40) 삼결(三結) — 결(結)은 번뇌의 다른 이름. 삼결은 ① 내가 있고 내 몸이 있다는 생각(有身見) ② 계율에 지나치게 굳게 집착하는 생각

(戒禁取見) ③마음에 의심이 솟구치는 것(疑)의 세 번뇌이다.

41) 예류(預流) ─ 비로소 성자의 흐름에 들어간 위(位). 불도수행의
단계를 네 가지로 나눈(沙門四果) 가운데 첫번째 단계이다. 제2단
계를 일래(一來 ; [주 49] '일래인' 참조)라고 하며, 제3단계를 불환
(不還 ; [주 50] '불환인' 참조)이라고 한다. 마지막 제4단계는 궁극
적인 아라한의 경지이다.

42) 벽지불(辟支佛) ─ 다른 이의 가르침에 의지하지 않고 스스로 깨
달았으며 고독을 즐겨 남에게 법을 설하지 않는 성자.

43) 여래(如來) ─ 진실(如)로부터 나타나서 온(來) 사람이란 뜻을 '여
래'로 표현. 붓다를 가리킴.

44) 포살(布薩) ─ 승단행사 가운데 하나. 한 지역에 살고 있는 비구들
이 보름마다 모여 지난 보름간의 행동을 반성하고 만약 죄를 지었
다면 그것을 고백하고 참회하는 행사.

45) 요자나 ─ 거리단위. 1요자나는 12킬로미터 내지 15킬로미터 정도.

46) 캇티야, 브라흐마나, 벳사, 숫다 ─ 고대인도사회의 네 계급(四姓).
①캇티야는 선비나 왕족계급, ②브라흐마나는 사제계급, 보통 바라
문(婆羅門)이라 표기한다. ③벳사는 평민계급, ④숫다는 노비계급.

47) 무여열반(無餘涅槃) ─ 육체가 완전히 멸하여 남아 있지 않은 완
전한 열반의 경지. 모든 번뇌를 끊고 열반을 얻은 사람이 그 생을
끝으로 육체가 멸한 상태에 도달한 경지.

48) 사념처(四念處), 사정근(四正勤), 사신족(四神足), 오근(五根), 오
력(五力), 칠각지(七覺支), 팔성도(八聖道) ─ 삼십칠조도품(三十七
助道品)이라고 한다. 갖가지 실천도를 열거한 것. 사념처는 ①몸은
깨끗하지 않은 것이다, ②느낌은 괴로움이다, ③마음은 덧없는 것
이다, ④법(만물)은 실체가 없는 것이다라고 관찰해서 몸·느낌·마
음·법에 대한 정·락·상·아(淨樂常我)의 네 가지 전도된 관념을 깨

뜨리는 실천. 사정근은 ①아직 생기지 않은 악(惡)이 생기지 않게 하기 위해, ②이미 생긴 악은 끊기 위해, ③아직 생기지 않은 선(善)은 생기게 하기 위해, ④이미 생긴 선은 더욱 키우기 위해 기울이는 올바른 노력. 사신족은 ①의욕과 ②선을 향하는 힘과 ③생각과 ④지혜에 의해 도달된 삼매의 수행으로 얻어지는 뛰어난 신통력. 오근은 ①믿음, ②정진, ③기억, ④삼매, ⑤지혜의 다섯 가지. 모두 다 번뇌를 누르고 깨달음으로 향하게 하는 뛰어난 기능을 가진 까닭에 '오근'이라 불린다. 또한 악을 깨는 힘이 있는 까닭에 '오력'이라고 한다. 칠각지는 ①기억, ②택법(擇法) 즉 지혜, ③정진, ④기쁨(바른 법을 얻어 기뻐하는 것), ⑤경안(輕安;몸과 마음이 가벼움), ⑥삼매, ⑦평정의 일곱 가지로서 깨달음을 돕는 기능을 가진 까닭에 '각지'라고 불린다. 팔성도는 팔정도와 같은 말. 사제(四諦) 가운데 '도(道)'와 같다([주 39] '고·집·멸·도' 참조).

49) 일래인(一來人)—불도수행의 네 단계 가운데 제2단계([주 41] '예류' 참조). 또 그 단계에 든 사람. 아직 번뇌가 남아 있기 때문에 한 번 하늘에 낳다가 그곳에서 다시 인간세계로 와서 태어나며, 그곳에서 마침내 열반에 들어 더 이상 윤회를 하지 않기 때문에 '일래'라고 한다.

50) 불환인(不還人)—불도수행의 제3단계. 또 그 단계에 든 사람.([주 41] '예류' 참조). 아직 번뇌가 남아 있어서 현세에서는 열반을 얻지 못하고 다음 생에 하늘에 태어나 그곳에서 마침내 열반에 들어 인간세계로 돌아오지 않기 때문에 '불환'이라 한다.

51) 구족계(具足戒)—비구·비구니가 지녀야 하는 계. 재가자가 지켜야 하는 5계([주 24] '계' 참조) 등과는 달리 아주 엄격하고 항목의 수도 많다. '구족계'란 완전하여 결함이 없는 계라는 뜻.

52) 우안거(雨安居)—인도의 약 3개월에 걸친 장마기간에는 비구들

이 수행펼력할 수가 없으므로 한곳에 머물러 오로지 불법을 생각하고 수양하기에 전념하는 것을 이른다.

53) 데바닷타―석존의 사촌동생. 아난다와는 형제간. 한때 석존의 제자가 되었으나 후에 배신하고 갈라섰다. 提婆達多, 提婆로 표기. 《이티붓타카》의 [주 14] '데바닷타' 참조.

54) 1겁―겁(劫)은 헤아릴 수 없을 정도로 지극히 장대한 시간단위. 1겁이 몇 년에 해당하는지는 숫자로 표현될 수 없어 오직 비유적으로 표현될 뿐이다. 단, 여기에서 1겁이란 그 시대의 인간의 수명의 길이를 의미한다는 해석도 있다.

55) 선서(善逝)―붓다의 호칭 가운데 하나. '잘 간 이' 혹은 '능히 아는 이'라는 뜻.《이티붓타카》의 [주 13] '여래…' 참조.

56) 반열반(般涅槃)―완전한 열반. 여기에서 '반열반하다'라는 뜻은 '목숨을 마치다'라는 뜻.

57) 칼리―용적단위. 1칼리는 109리터 정도에 해당.

58) 다섯 가지 욕망의 대상―아름다운 용모와 색, 듣기좋은 소리, 향긋한 냄새, 좋은 맛, 즐거운 촉감.

59) 네 가지 구속―인간의 마음을 구속하는 네 가지. ①물질에 대한 욕심, ②생에 대한 욕심, ③그릇된 견해, ④어리석음.

60) 범천(梵天)―본래 바라문교의 주신(主神). 불교에서는 제석천과 함께 불법을 수호하는 천신으로 다루어짐([주 16] '인드라' 참조).

61) 공무변처·식무변처·무소유처·비상비비상처(空無邊處·識無邊處·無所有處·非想非非想處)―하늘에서 가장 높은 곳에 위치한 것을 무색계(無色界;《이티붓타카》의 [주 2] '광음천' 참조)라 하며 그것을 네 개의 계층으로 나누어 이렇게 부른다(그에 해당하는 뜻풀이는 본문 중에서 그대로 풀어 표현하였다 ; 역자 주).

진리의 언어(이티붓타카)에 관한 주(註)

1) 다음과 같이 설하셨다— 다음에서 설하신 세존의 말씀은, 원문에서
는 운율에 맞춘 시구(게송) 부분이다.

2) 광음천(光音天)— 극광천(極光天), 변승광(遍勝光)으로도 번역. 빛
을 말(음성)로 삼는 하늘이라는 뜻. 색계 제2선의 제3천, 또는 그곳
에 머물고 있는 신. 불교의 세계관에 의하면 중생이 윤회전생하는
미혹한 영역을 욕계(欲界)·색계(色界)·무색계(無色界)의 3계로 나
누고 있다. 욕계란 음욕과 탐욕을 가진 중생이 살고 있는, 욕심이
많고 가장 아래에 위치한 세계로서 그곳에는 지옥·아귀·축생·아수
라·사람·하늘의 생(6취 또는 6도)이 있다. 욕계의 하늘은 ①사천왕
(四天王), ②도리천(忉利天)·삼십삼천, ③야마천(夜摩天), ④도솔천
(兜率天), ⑤화락천(化樂天), ⑥타화자재천(他化自在天)의 여섯 그
룹으로 나뉘어, 육욕천(六欲天)이라고도 불린다. 색계는 욕계 위에
있으며 음욕과 탐욕을 떠난 중생이 머무는 영역이며 이곳은 깨끗한
색(色)으로 이루어지고 있다. 색계천(色界天)은 초선천(初禪天), 제
2선천, 제3선천, 제4선천으로 나뉜다. 광음천은 제2선천[① 소광천
(小光天), ②무량광천(無量光天), ③광음천] 가운데 제3천. 무색계
는 색계 위에 있는 영역으로 물질을 떠나 정신만이 존재해 있는 세
계. 무색계천은 네 가지로 나뉜다(《우다나》의 [주 61] '공무변처 …'
참조).

3) 대범천(大梵天)— 색계 초선천[① 범중천(梵衆天) ②범보천(梵輔
天), ③대범천]의 제3천, 또는 그곳에 머물고 있는 신. 범천궁(梵天

宮)은 대범천이 사는 궁전.

4) 제석천(帝釋天) ─《우다나》의 [주 16] '인드라' 참조.

5) 전륜성왕(轉輪聖王) ─ 무력을 쓰지 않고 정의로써 전 세계를 통치하는 이상적인 군주. 특히 불교에서는 부처의 32상을 갖추고 7보(수레, 코끼리, 말, 보석, 여자, 훌륭한 대신, 훌륭한 장군이라는 일곱 가지 보배)를 갖추었으며, 정의로써 지배하는 왕을 가리킨다.

6) 말의 공희, 사람의 공희, 산마파사제(祭), 바쟈페이야제, 니락갈라제 ─ 베다의 제사의식. 그 중 가장 크고 유명한 것은 국왕이 제주(祭主)가 되어 지내는 말의 공희로서, 승리를 얻은 국왕이 주권을 과시하기 위해 지내는 제사.

7) 열반 ─《우다나》의 [주 13] '열반' 참조.

8) 아라한과(阿羅漢果) ─ 존경받을 가치가 있는 경지를 나타냄.《우다나》의 [주 41] '예류' 및《이티붓타카》의 [주 13] '여래…' 참조.

9) 사념처관(四念處觀) ─ 사념처와 같음.《우다나》의 [주 48] '사념처……' 참조.

10) 바라문 ─ 진정 훌륭한 수행자.《우다나》의 [주 6] '바라문' 참조.

11) 이 81~88게송까지, 그리고 91~98게송, 101~111게송에는 '바로 이와 같은 것을…… 나는 들었다'라는 머리말과 '또한 이렇게…… 나는 들었다'라는 맺음말이 원문에서도 생략되어 있다.

12) 깨달음에 이르기 위한 일곱 가지 법 ─ 칠각지를 가리킨다.《우다나》의 [주 48]의 내용 중 '칠각지' 참조.

13) 여래…… 깨달음 사람. 세간의 존경을 받을 자격이 있는 사람 ─ 부처님의 열 가지 호칭[如來十號]이다. 여래·응공(應供)·정변지(正遍知)·명행족(明行足)·선서(善逝)·세간해(世間解)·무상사(無上士)·조어장부(調御丈夫)·천인사(天人師)·불세존(佛世尊)이라고도 불린다.

302

14) 데바닷타 — 제바달다(提婆達多). 《우다나》의 [주 53] '데바닷타' 참조. 데바닷타는 처음에 부처님의 제자가 되어 불법을 따르다 끝 내는 부처님을 배신하여 5백 명의 비구를 이끌고 승단을 떠났다. 부처님을 향해 돌을 굴리고 뿐만 아니라 술에 취한 코끼리를 풀어 서 붓다를 살해한 뒤 승단의 지도자가 되려고 기도하기도 하고, 아 자타샤투르(아사세) 왕을 꼬여 부왕을 죽이게 하기도 했다. 그 같 은 행위로 인해 마지막에는 고통스런 죽음을 맞이했다고 전해진 다. 《이티붓타카》 89와 같은 내용이 〈유부파승사(有部破僧事)〉 10 (大正藏 24. 149a)에도 보인다. 즉, 데바닷타는 삿된 바람을 갖고 나쁜 친구와 사귀고, 저열한 깨달음을 열어 거만하고 정진하지 않 았으며, 그 때문에 1겁 동안 지옥에 떨어져 구제받을 길이 없다고 기술되어 있다.

15) 아비지옥(阿鼻地獄) — 다섯 가지 무거운 죄, 다시 말하면 ①어머 니를 죽임, ②아버지를 죽임, ③아라한을 죽임, ④성자의 몸에서 피를 냄, ⑤승단의 화합을 깨는 죄를 지은 사람과 부처님의 가르 침을 비방한 사람이 떨어지는 가장 고통스러운 지옥.

16) 성현의 네 가지 계위(位) — 사쌍팔배(四雙八輩), 사향사과(四向四 果)라고도 한다. 성자의 지위를 네 가지 수행목표와 네 가지 도달 경지로 나눈 것. 《우다나》의 [주 41] '예류' 참조.

17) 가사(袈裟) — 비구가 입는 세 가지 옷 가운데 가장 큰 옷. 설법이 나 탁발을 할 때 입는다.

18) 지옥과 축생과 아수라와 아귀의 세계(地獄界·畜生界·阿修羅界·餓 鬼界) — 스스로 지은 나쁜 행위로 인해 가게 되는 세계. 인간과 하 늘을 포함한 윤회세계 중에서 지옥·축생·아수라·아귀는 악취(惡 趣;나쁜 경계)라고 불린다. 아수라를 제외하고 지옥·아귀·축생을 악취라고 부르는 경우도 있다. 《우다나》의 [주 30] '악취' 참조.

19) 일곱 가지 집착―주석에 따르면 다음의 일곱 가지를 가리킨다.
①욕심, ②그릇된 견해, ③거만, ④성냄, ⑤어리석음, ⑥번뇌, ⑦
악행.

20) 지각이 이루어지는 내적인 여섯 가지의 장(場)―육내입처(六內
入處). 눈·귀·코·혀·몸·의지의 감각기관(六根). 지각이 이루어지는
열두 가지 장(十二處) 가운데 색·소리·냄새·맛·촉감·법(六境)을
외적인 여섯 가지 장(六外入處)이라 부르고 여섯 가지 감각기관
(六根)을 내적인 장(六內入處)이라고 한다.

21) 다섯 가지 속박―오하분결(五下分結). ①욕심, ②성냄, ③유신견,
④계금취견, ⑤의심. 이들 다섯 종류의 번뇌가 있으면 욕심이 치성
한 세계에 태어나게 된다.

22) 존재의 모든 구성요소―오온(五蘊)을 가리킨다. ①색온(色蘊 ;
물질 또는 집착), ②수온(受蘊 ; 느낌), ③상온(想蘊 ; 앎), ④행온
(行蘊 ; 행하고자 하는 의지), ⑤식온(識蘊 ; 식별함)을 가리킨다.

역자소개

이미령(李美玲)
1964년 강원도 출생.
1986년 동국대학교 불교학과를 졸업하고
1989년 同대학교 대학원 불교학과
석사과정을 수료하였다.

마음으로 읽는 불전——2

기쁨의 언어 진리의 언어

1991년 2월 25일 초판 1쇄 발행
2003년 6월 30일 초판 2쇄 발행

역 자——이미령
발행인——윤재승

ⓒ 발행처——민족사

등록 제 1-149호, 1980. 5. 9
서울 종로구 청진동 208-1
전화 (02) 732-2403, 722-7679
팩시 (02) 739-7565, K.P.O. Box 1560

ISBN 89-7009-452-0 04220
ISBN 89-7009-450-4 (세트)

값 7,000원